ÜBER DIE AUTORINNEN

Astrid Zehbe und **Daniela Meyer** haben eine Mission: Sie ermutigen und befähigen Frauen, ihre Finanzen selbst in die Hand zu nehmen, finanziell unabhängig zu sein und auf allen Ebenen in sich selbst zu investieren. Die Finanzjournalistinnen, Gründerinnen und Chefredakteurinnen des Wirtschaftsmagazins „finanzielle" sowie des Verlags „Fresh & Furious Publishing" bieten zu ihren Herzensthemen auch Online-Content auf www.finanzielle.de sowie Workshops und Events an. 2020 wurden sie als Wirtschaftsjournalistinnen des Jahres, 2022 als beste Chefredakteurinnen ausgezeichnet. Dem von ihnen gegründeten ersten Frauen-Finanzmagazin Deutschlands wurde für die innovative Idee 2021 der Bayerische Printpreis verliehen. Die Autorinnen leben in Berlin.

ASTRID ZEHBE & DANIELA MEYER

»GELD INTERESSIERT MICH EINFACH NICHT«

Bullshitsätze über Finanzen
und wie du dich von
ihnen befreist

echtEMF ist eine Marke der Edition Michael Fischer

1. Auflage
Originalausgabe
© 2024 Edition Michael Fischer GmbH, Donnersbergstr. 7, 86859 Igling
Covergestaltung: Pia von Miller,
unter Verwendung eines Motivs von © Marcus Witte
Redaktion: Doreen Fröhlich
Bildnachweis: alle Illustrationen via Shutterstock.com; © Alano Design, © MAHIJO,
© Mr.Timoty, © Nitichai, © notbad, © valeriya kozoriz, © vectorlight
Layout und Satz: Carolin Mayer
Gedruckt bei GGP Media GmbH, Karl-Marx-Str. 24, 07381 Pößneck
Printed in Germany

ISBN 978-3-7459-2252-3

www.emf-verlag.de

Für Hasina, Jakob, Nora, Sophie und Zo

STIMMEN ZUM BUCH

„Ich würde es mir wünschen, dass möglichst viele Menschen dieses Buch lesen, um negative Denkmuster endlich hinter sich zu lassen und (finanziell) unabhängig durchs Leben zu gehen."

Birgit Schrowange,
Moderatorin & Autorin

„Erstaunlich, wie sehr uns unser Mindset im Griff hat, uns vom Sparen, Investieren und dem Erreichen unserer Träume und Ziele abhalten kann. Es ist daher allerhöchste Zeit, negative Glaubenssätze über Bord zu werfen – und zwar für immer!"

Collien Ulmen-Fernandes,
Schauspielerin & Autorin

„Yes, finanzielle Freiheit beginnt im Kopf! Und in diesem Buch steht endlich, wie du all das loswirst, was dir bislang im Weg stand. Sag jetzt Bye-bye zu deinen negativen Geldglaubenssätzen und nimm deine Finanzen endlich selbst in die Hand!"

Diana zur Löwen,
Unternehmerin & Investorin

„Ich liebe Menschen, die in der Lage sind, ihre Glaubenssätze zu überprüfen. Dieses Buch lädt unterhaltsam und pointiert dazu ein, dich von deiner bequemen Glaubenssatz-Couch zu erheben, den Hintern endlich hochzukriegen und nach den Chancen zu greifen, die dir das Leben bietet. Ich liebe einfach das Positive, das aus dieser Mindset-Arbeit entsteht."

Fränzi Kühne,
Aufsichtsrätin, Gründerin & Autorin

INHALT

WARUM DU DIESES BUCH LESEN SOLLTEST

Vorwort von Birgit Schrowange

Ich kenne Daniela und Astrid, die Autorinnen des Buches, das du gerade in Händen hältst, bereits, seit sie das erste Frauenfinanzmagazin Deutschlands gegründet haben. Ich war sofort begeistert von der Idee von *finanzielle* – und bin es auch von diesem Buch, denn Finanzbildung ist insbesondere für uns Frauen von essenzieller Wichtigkeit. Auch ich setze mich darum seit Jahren für die finanzielle Unabhängigkeit von Frauen ein und würde es mir wünschen, dass möglichst viele Menschen dieses Buch lesen, um negative Denkmuster über Bord zu werfen. Denn genau sie sind es, die uns Frauen davon abhalten, unsere Finanzen selbst in die Hand zu nehmen und unabhängig durchs Leben zu gehen. Kinder erleben bis heute, dass ihre Mutter das Haushaltsbudget verwaltet, während ihr Vater das Geld verdient und für den Vermögensaufbau zuständig ist. Männer sprechen hauptsächlich mit ihren Söhnen über Finanzen, Mädchen bleiben bei diesem Thema noch immer weitestgehend außen vor und werden mit Sätzen wie „Geld ist Männersache", „Mädchen können halt keine Mathe" oder „Du heiratest einfach mal reich" groß. Auch in der Schule findet, für mich völlig unverständlich und verantwortungslos, keine Finanzbildung statt.

So wachsen viele Mädchen mit negativen Glaubenssätzen auf, die sich über Jahre manifestieren können und im Erwachsenenalter das eigene Mindset bestimmen. Ich kann mich noch gut daran erinnern, dass es in meiner Familie immer hieß, Geld verderbe den Charakter oder sei nicht wichtig. Diese Glaubenssätze sind aber ein gefährlicher Trugschluss. Es ist entscheidend, dir insbesondere als Frau bewusst zu machen, wie sehr derartige Denkweisen dich persönlich einschränken können, sich negativ auf dein Handeln und Vorankommen im Leben auswirken. Ich selbst habe mir derartige Glaubenssätze zum Glück nie zu Herzen genommen und auch nicht daran geglaubt, dass Geld nicht wichtig sei.

Leider musste ich aber auch immer wieder feststellen, dass sich negative Glaubenssätze bei einigen Frauen auch aus Bequemlichkeit festsetzen. Solange alles glattläuft, ist es ja auch sehr entspannt, sich nicht ums Geld und die Altersvorsorge zu kümmern, sondern dies dem Partner zu überlassen. Als Frau erspart man sich gegebenenfalls auch die eine oder andere unangenehme Diskussion, wenn man das leidige Geldthema ignoriert, sich einfach in die Rolle der Mutter, Hausfrau und Zuverdienerin fügt. Doch ein Mann ist keine Altersvorsorge! Viele Ehen scheitern, Partner können sterben. Es ist daher unumgänglich, sich finanziell zu bilden und sich gerade als Frau bewusst zu machen, dass man später kaum Rente bekommen wird, wenn man einer Erwerbsarbeit jahrelang gar nicht oder nur in Teilzeit nachgeht und auch mit dem Partner keine angemessene Ausgleichszahlung für erbrachte Care-Arbeit vereinbart.

Jetzt wirst du vielleicht denken: Ja, die hat gut reden, die hat ja auch schon immer ausreichend verdient. Aber ich bin in den 60er-Jahren, in sehr bescheidenen Verhältnissen, aufgewachsen, war erst mit 19 Jahren das erste Mal im Urlaub. Ich habe eine Nonnenschule besucht und wurde dazu erzogen, einen guten Ehemann zu finden. Es war zu der Zeit ganz normal, dass die Mütter zu Hause blieben und die Väter das Geld verdienten. Die Abhängigkeit, die daraus entsteht, habe ich zum Glück schon früh erkannt und immer gewusst, dass mir das nie passieren soll. Im Gegenteil: Ich wollte mehr aus meinem Leben machen, wollte mein eigenes Geld verdienen, unabhängig sein. Ich wollte nie einen Mann fragen müssen, ob ich mir einen Lippenstift kaufen darf, oder in einer unglücklichen Ehe verharren, weil mir die finanziellen Mittel fehlen, um mich scheiden zu lassen.

Ich habe darum bereits mit 17 Jahren begonnen, zehn Prozent meines Nettolohns aus der Lehre anzulegen. Das ist mir nicht immer leichtgefallen, denn ich habe nicht viel verdient. Aber es hat meine Disziplin gefördert. Bis ich 30 Jahre alt war und nach und nach mehr Einkommen hatte, habe ich auf viele Dinge und auch so manchen Restaurantbesuch verzichtet und dafür lieber etwas zur Seite gelegt. Aber es hat sich für mich sehr gelohnt, denn man kann auch mit kleinen monatlichen Summen von 20 oder 50 Euro einen Vermögensaufbau beginnen – etwa mit Börseninvestments wie ETFs. Und je früher man anfängt, desto mehr profitiert man vom Zinseszinseffekt, der dafür sorgt, dass dein Vermögen langfristig richtig Fahrt aufnimmt. Nicht umsonst hat Albert Einstein ihn zum „Achten Weltwunder" erklärt.

Auch mir hat der Zinseszinseffekt über die Jahre sehr geholfen. Ich bin heute, mit 65 Jahren, sehr froh darüber, finanziell unabhängig zu sein. Auch während meiner Karriere konnte ich „Nein" zu Dingen sagen, die ich nicht machen wollte – weil ich Geld auf der hohen Kante hatte und nicht von einem einzelnen Projekt abhängig war.

Um mir meine gute Haltung zu Geld zu bewahren, habe ich viel und gerne darüber geredet. Darum ist es auch mein ganz persönlicher Tipp an alle Frauen, sich auszutauschen, miteinander zu sprechen. Männer haben schon immer Seilschaften gebildet, offen über Geld geredet, sich gegenseitig tolle Jobs zugeschustert, während es uns Frauen wortwörtlich teuer zu stehen kommt, dass wir bei dem Thema weiterhin so zurückhaltend agieren.

Zudem muss ich sagen, es war noch nie so einfach wie heutzutage, sich über Finanzen und Geldanlagen zu informieren. Es gibt zum Thema „Frauen und Finanzen" mittlerweile viele inspirierende Social-Media-Kanäle, Magazine, Websites, Workshops, Podcasts und Bücher, wie dein Exemplar von *Geld interessiert mich einfach nicht*, das uns Frauen an das Thema finanzielle Intelligenz heranführt. Ich sage immer: „Das Geld muss Junge kriegen". Gerade dann, wenn man weniger verdient, muss man die Finanzen erst recht anpacken!

Darum finde ich es auch so großartig, dass es jetzt ein so wichtiges Buch gibt, das uns alle aufrüttelt. Ein Buch, mit dem wirklich jede Frau und natürlich auch jeder Mann es schaffen kann, negative Glaubenssätze über Bord zu werfen und finanzmutig zu werden. Mit *Geld interessiert mich einfach nicht* widerlegen Daniela und Astrid genau die negativen Geldglaubenssätze, die uns immer wieder blockieren und daran hindern, unsere Träume und Ziele zu erreichen. Mit geballter Finanzexpertise, Humor, eigenen Erfahrungen, praktischen Tipps & Tricks und auf Augenhöhe zeigen die beiden, dass finanzielle Freiheit im Kopf beginnt.

BYE-BYE, BULLSHIT-SÄTZE!

Was denkst du über Geld? Und über reiche Menschen? Wer macht bei dir zu Hause die Finanzen? Sei ganz spontan!

Über Geld zu sprechen, ist für mich ...

A) eine ganz normale Alltagsbeschäftigung.

B) ein absolutes Tabu.

C) etwas, das ich eigentlich gerne öfter tun würde.

Geld ist für mich ...

A) ein notwendiges Übel.

B) eine große Freiheit.

C) ein wichtiges Asset.

Mathe ist ...

    A) ein Buch mit sieben Siegeln.

    B) schon immer der absolute Horror.

    C) mein liebstes Schulfach gewesen.

Finanzen sind ...

    A) Männersache.

    B) laaaaaaaaangweilig.

    C) mein absolutes Lieblingsthema.

Reiche Menschen ...

    A) sind meistens Arschlöcher.

    B) kenne ich gar nicht.

    C) bewirken viel Gutes in der Welt.

Aha! Das war doch schon recht aufschlussreich, oder? Schreibe dir deine Antworten gerne auf – auf einem Zettel oder im Handy. Warum? Weil wir dich später bitten werden, sie noch einmal zu beantworten – und zwar, wenn du dieses Buch zu Ende gelesen hast. Wir versprechen dir: Du wirst überrascht sein!

Tatsächlich ist es so, dass jede und jeder von uns verschiedenste positive, aber sehr oft auch negative Glaubenssätze verinnerlicht hat – auch zum Thema Geld. Das ist ganz normal. Dennoch solltest du wissen: Negative Glaubenssätze können dir ganz schön im Weg stehen und dich am Vorankommen hindern, dein persönliches Wachstum stören und dich davon abhalten, Karriereschritte zu wagen, ein angemessenes Gehalt zu fordern, zu sparen und zu investieren – an der Börse wie in dich selbst. Die gute Nachricht ist: Du musst mit diesen negativen Bullshitsätzen, wie wir sie gerne nennen, nicht für den Rest deiner Tage leben, sondern kannst sie loswerden.

Mit diesem Buch wollen wir, Astrid und Daniela, dir Lust auf das Thema Geld und Finanzen machen und gemeinsam mit dir fiese Geldglaubenssätze erkennen und eliminieren – und zwar für immer!

Als Finanzjournalistinnen und Gründerinnen des Frauenfinanzmagazins *finanzielle*, das wir 2021 gemeinsam gegründet haben und als Chefredakteurinnen leiten, möchten wir dich ermutigen und befähigen, deine Finanzen selbst in die Hand zu nehmen, unabhängig und selbstbestimmt durchs Leben zu gehen. Denn es ist – anders als der Buchtitel auf den ersten Blick vermuten lässt – mitnichten so, dass uns Geld nicht interessiert. Wir finden Geld toll – vor allem die Möglichkeiten und Freiheiten, die es mit sich bringt.

Wir sind davon überzeugt, dass auch du von diesen Möglichkeiten profitieren kannst, denn auch uns wurde weder Finanzwissen noch das große Geld schon in die Wiege gelegt. Wir mussten ebenfalls Glaubenssätze überwinden, lernen, über Geld zu sprechen, es richtig zu sparen und für uns zu nutzen. Zudem haben wir in unserem beruflichen wie privaten Leben mittlerweile unzählige Menschen wie dich getroffen, denen es ebenfalls gelungen ist, ihre Finanzen anzugehen und über sich hinauszuwachsen – mit Leichtigkeit, Freude und Stolz.

Als wir vor nunmehr fast sechs Jahren begonnen haben, Frauen finanzfit zu machen, haben wir tatsächlich noch ganz naiv gedacht, wir müssten ihnen einfach nur die Notwendigkeit von privater Altersvorsorge erklären, ihnen einen Leitfaden für Aktien-Investments an die Hand geben und zack, los geht's mit dem Vermögensaufbau. Damals hatten wir selbst noch nicht verstanden, dass es nicht nur darum geht, den Frauen Wirtschaftszusammenhänge und Börsenbegriffe nahezubringen, damit die Aktionärinnenquote durch die Decke geht. Der Hund – das haben wir recht schnell lernen müssen – liegt noch einige Etagen tiefer begraben, nämlich im sogenannten Money Mindset. Vereinfacht gesagt: Sich mit den eigenen Finanzen auseinanderzusetzen ist vor allem anfangs reine Kopfsache und erfordert oft das Überwinden mentaler Sperren, die uns daran hindern, erfolgreich zu sparen und zu investieren, beruflich Gas zu geben oder einen positiven Blick auf unser Geld zu haben. Unser Mindset, unsere Glaubenssätze beschreiben dabei unsere innere Einstellung, unsere tiefen Überzeugungen und erlernten Haltungen, die wir alle im Gepäck haben – in diesem Fall gegenüber Geld, Vermögen, Finanzen und oft auch Karriere, ist diese doch eng mit Geld verknüpft. Das können positive Geldglaubenssätze sein wie „Ich verdiene finanziellen Erfolg" oder „Geld ist ein Werkzeug, um mein Leben zu verbessern". Ein solches Mindset kann dazu beitragen, eine positive Einstellung zu Geld und einen guten Umgang mit den eigenen Finanzen zu entwickeln und in der Folge finanzielle Ziele erreichen zu können.

Aber es gibt eben auch die negativen Geldglaubenssätze, die dazu führen können, dass Menschen sich selbst sabotieren, wenn es beispielsweise um finanzielle oder auch berufliche Erfolge geht. Zu ihnen zählen Sätze wie „Geld interessiert mich einfach nicht", „Über Geld spricht man nicht", „Ich war noch nie gut in Mathe", „Mein Mann macht die Finanzen" oder auch „Ich habe das nicht verdient".

Es sind oft alltägliche, tausendmal gedachte, gesagte und gehörte Sätze, die gerade deshalb eine unfassbare Macht entwickeln und über uns und unser Verhalten herrschen können. Sie können so mächtig werden, dass sie Menschen, insbesondere sehr oft Frauen, davon abhalten, Geld zu verdienen, Gehaltserhöhungen einzufordern, zu sparen, zu investieren, ein Vermögen aufzubauen, berufliche Erfolge zu feiern, in sich, ihre Weiterentwicklung und ihre Träume zu investieren – mit allen negativen Konsequenzen, die daraus resultieren.

Wir berichten euch in diesem Buch von eindrucksvollen Begegnungen mit Frauen, deren Träume zerplatzt sind wie Seifenblasen, die für ihre Ziele einfach – obwohl sie problemlos erreichbar waren – nie losgelaufen sind. Frauen, die eher an einem negativen Glaubenssatz festgehalten haben, anstatt ihren Ambitionen nachzugehen, die sich darauf verlassen haben, dass ihr Partner sich um ihre finanzielle Zukunft kümmert. Wir erzählen auch offen von eigenen Erfahrungen – mit Geld, mit Vorurteilen, mit unschönen und diskriminierenden Begegnungen in unserer Branche und mit Bullshitsätzen, die auch uns im Griff hatten. Aber wir erzählen auch von den vielen positiven Beispielen, die uns begegnet sind. Von Frauen, die sich getraut und ihre Finanzen selbst in die Hand genommen haben, die für sich einstanden und finanzielle Ziele erreicht haben, von denen sie nur wenige Jahre zuvor nie zu träumen gewagt hätten. Die meisten dieser Frauen sind Freundinnen, Kolleginnen, Frauen aus unserem Umfeld sowie aus unserer großen und stetig wachsenden Community. Frauen, die unser *finanzielle*-Magazin lesen, unseren Podcast hören und unsere Workshops besuchen, und die uns ihre oft sehr persönlichen Lebens- und Geldgeschichten anvertrauen. Um sie zu schützen, haben wir die Beispiele im Buch – sofern wir nicht von uns persönlich berichten – anonymisiert und die Namen der Betroffenen geändert. Zwei Frauen, die wir aber namentlich nennen können und wollen, sind Diana zur Löwen und Beate Sander. Diana ist 28 Jahre alt, Beate ist 2020 im Alter von 83 Jahren verstorben. Zwischen ihnen liegen zwei Generationen. Dennoch haben beziehungsweise hatten sie etwas gemeinsam: ihr Mindset. Während Diana schon als Teenagerin ihr eigenes Geld verdiente und mit Anfang 20 bereits als Unternehmerin und Investorin bekannt war, startete Beate erst mit 60 Jahren an der Börse durch. 30.000 Euro, die sie sich über Jahre angespart hatte, investierte sie geschickt in Aktien und wurde innerhalb weniger Jahre zur Millionärin. Beide Frauen stammen aus Familien, in denen Geld kein Thema war, in denen schon gar nicht investiert wurde. Diana sagte uns einmal: „In meiner Familie wurde nie über Investitionen gesprochen. Wir waren Team Sparbuch."

Dennoch haben es beide geschafft, sich auf ihre Art mit den eigenen Finanzen auseinanderzusetzen und ihr Geld gewinnbringend für sich arbeiten zu lassen. Sie sind darum auch für uns persönlich echte Rolemodels und eine Inspiration für alle Frauen. Mit Beate Sander sprachen wir das letzte Mal nur wenige Tage vor ihrem Tod, als sie bereits wusste, dass sie sterben würde. „Ich selbst wurde so erzogen, einen tüchtigen Mann zu finden und eine gute Ehefrau zu sein. Dabei hätte ich viel lieber studiert", erzählte sie uns damals. Doch trotz ihrer Erziehung ist es ihr gelungen, die damit verbundenen Glaubenssätze abzuschütteln. Ihren letzten Appell an alle Frauen möchten wir hier noch einmal wiedergeben, da er uns aus dem Herzen spricht: „Ich sehe in der Börse eine große Chance. Egal, ob ich viel oder wenig Geld habe, es führt aus meiner Sicht kein Weg an Aktien vorbei – ob Fonds, ETFs oder Einzelaktien. Da möchte ich Frauen auffordern, sich zu kümmern, denn gerade sie haben es nötig. Es sollte jeder so gut gehen, dass sie sich Freuden gönnen kann: gutes Essen, Konzerte, Stadionbesuche – ohne dafür irgendjemanden um Geld bitten zu müssen."

Genau deswegen, damit du weder jetzt noch im Alter irgendwen um Geld bitten musst, haben wir uns hier zehn der fiesesten Geldglaubenssätze vorgeknöpft. Alle haben sie eins gemein: Sie stehen deinen finanziellen Zielen und deiner persönlichen Entwicklung im Weg. Die gute Nachricht ist, du kannst sie gemeinsam mit uns loswerden!

Step by Step haben wir sie in diesem Buch zerlegt – mit Expertise, Fachwissen, Humor, Anekdoten und vielen Tipps & Tricks. Dazu haben wir Studien gewälzt, mit Finanzlaien und Finanzprofis über Glaubenssätze und ihre persönlichen Erfahrungen gesprochen, sind in Geschichte und Geschichten eingetaucht und haben in uns selbst hineingehorcht, um unsere eigenen Glaubenssätze zu hinterfragen. So haben wir herausgefunden, wo jeder Bullshitsatz seinen Ursprung hat, wie sich negative Glaubenssätze in deinem Mindset manifestieren, welchen Schaden sie anrichten – und wie du sie in die Wüste schicken kannst. Und zwar ein für alle Mal!

Aus unserer täglichen Arbeit, insbesondere aus den Finanz-Workshops, die wir halten, und von dem Feedback, das wir von unseren Leserinnen bekommen, wissen wir, wie wichtig die Arbeit an einem positiven Money Mindset ist. Denn mit der Überwindung negativer Geldglaubenssätze lassen sich finanzielle Ziele viel leichter erreichen.

Der erste Schritt besteht darin, sich die eigenen Geldglaubenssätze bewusst zu machen. Frage dich ehrlich, welche Haltung du zu Geld hast, zu Vermögen und zu Reichtum. Wie wurde in deiner Familie über Geld gesprochen, was hast du von deinen Eltern oder anderen nahen Bezugspersonen zu diesem Thema mitbekommen? Was löst der Blick auf deinen Kontostand in dir aus? Was denkst du über Menschen, die stolz von ihren Besitztümern berichten? Mit welchen Gefühlen bist du konfrontiert, wenn jemand mit dir um Geld verhandelt? Wie sympathisch findest du Menschen, die über ihr Vermögen sprechen oder gar reich sind? Vermutlich wird dir recht schnell auffallen, dass auch du nicht davor gefeit bist, an der einen oder anderen Stelle voreingenommen zu urteilen. So weit, so normal. Jede:r hat eine ganz eigene Geldgeschichte und wurde durch individuelle Bedingungen geprägt. Manchmal steht diese Prägung einem positiven Lebensweg jedoch entgegen – und damit kann und muss jetzt Schluss sein. Denn du hast das Potenzial in dir, deine Träume und Ziele zu erreichen, egal, ob du blutjung, steinalt oder irgendwas dazwischen bist, als Single durchs Leben gehst, verheiratet, unverheiratet, geschieden oder verwitwet bist, ob du Kinder hast oder nicht, ob du wenig oder viel Geld verdienst, Immobilien besitzt oder zur Miete wohnst, ob du den Wunsch hast, eine solide Altersvorsorge aufzubauen, um als Rentnerin keine Flaschen sammeln zu müssen, ob du eine Reise unternehmen möchtest oder ob es dein finanzielles Ziel ist, Millionärin zu werden. Alle Flintas* sind uns hier sowie im *finanzielle*-Kosmos sehr willkommen. Und auch Männer sind explizit und herzlichst eingeladen, unser Buch sowie das *finanzielle*-Magazin zu lesen. Denn auch sie werden dabei viel lernen – über ihre eigenen Glaubenssätze, aber auch darüber, wie wir Frauen beim Thema Finanzen ticken, warum wir oft einen anderen Blick auf Geld haben und anders mit dieser Ressource umgehen. In diesem Sinne wünschen wir dir eine erkenntnisreiche sowie unterhaltsame Lektüre!

* Das Akronym FLINTA steht für Frauen, Lesben, intersexuelle, nichtbinäre, trans und agender Personen, für all jene also, die aufgrund ihrer Geschlechtsidentität diskriminiert werden.

„ÜBER GELD SPRICHT MAN NICHT"

In dem Moment, der unser Leben für immer verändern sollte, taten wir etwas, das alle von uns, im Speziellen aber Frauen, viel öfter tun sollten – einfach, weil es so guttut, so befreiend ist und den Horizont enorm erweitert. Wir sprachen über Geld!

Es war ein ganz normaler Montagmorgen, der 7. Februar 2019, um genau zu sein. Wir saßen zusammen in Danielas Wohnzimmer beim Frühstück. Damals arbeiteten wir noch als fest angestellte Finanzjournalistinnen bei einem mittelgroßen Verlag, schrieben Artikel über die wirtschaftliche Entwicklung der Welt, über Unternehmen, die Börse, Anlageprodukte und die Möglichkeiten, mit denen Anleger:innen von diesen profitieren können. Die Wirtschafts- und Finanzwelt interessierte uns – nicht nur beruflich. Wir selbst investierten zu dem Zeitpunkt bereits seit Jahren in

ETFs, Einzelaktien, Immobilien und andere Anlageprodukte. Umgeben von einem Umfeld, das sich tagtäglich mit Investitionen und Börse befasste, gingen wir automatisch davon aus, dass es ganz normal und jeder Person sonnenklar ist, dass sie privat fürs Alter vorsorgen muss. Aber dazu später mehr.

BORE-OUT, BRÖTCHEN & BIG BUSINESS

Um ehrlich zu sein, hatten wir beide – und auch das erzählten wir uns an diesem denkwürdigen Morgen – schon seit längerer Zeit kein Burn-, sondern ein Bore-out. Wir langweilten uns in unseren Jobs, mit den immer gleichen, zyklisch wiederkehrenden Themen, den sich manchmal bis aufs Haar ähnelnden Anzugträgern, mit denen wir es ständig zu tun hatten und deren spannendste Hobbys oft Golfspielen, Weinverkostungen oder bayerische Bierzelte waren.

Zu unserem großen Glück waren wir beide gerade in Elternzeit – Astrid mit ihrem zweiten Kind, einem Sohn, Daniela mit ihrem dritten Kind, einer Tochter. Unser Nachwuchs vergnügte sich an jenem Morgen mit Beißring und Plüschtieren auf einer flauschigen Decke zu unseren Füßen, während wir bei Kaffee, Croissants und Brötchen an Danielas Esstisch saßen.

Uns war klar, dass der Zeitpunkt, zu dem wir wieder zurück in unsere Jobs müssten, unaufhaltsam näher rückte. „Beim nächsten Artikel über Wechselkursschwankungen zwischen Euro und Zloty, von denen man mit einem x-fach gehebelten Knock-out-Zertifikat profitieren kann, kippe ich tot um", sagte Astrid zwischen zwei Bissen von ihrem Käsebrötchen und lachte.

Tatsächlich waren es aber weniger die Themen, die uns so gar nicht mehr anmachten, sondern vor allem die Tatsache, dass wir seit Jahren für eine fast durchweg männliche Zielgruppe schrieben und insgesamt in unserer Branche fast ausschließlich von Männern umgeben waren – sowohl was Kollegen als auch was Interviewpartner betraf.

Nur zur Klarstellung: Wir haben nichts gegen Männer, wir haben selbst jeweils ein Exemplar zu Hause, haben beide Söhne, arbeiten sehr gerne mit Männern zusammen und schätzen ihren Input, ihre Sichtweisen und den Austausch mit ihnen. Es ist uns ehrlicherweise völlig egal, welches Geschlecht unser Gegenüber hat, wir mögen aber Vielfalt. Und an der mangelte es in unserer Branche. Und ehrlicherweise gab und gibt es in der noch immer männerdominierten Finanzwelt genügend Momente, in denen einfach zu viel Testosteron im Raum ist.

In der Redaktion waren wir beispielsweise – so freundlich, hilfsbereit und liebenswert die allermeisten unserer Kollegen auch waren – lange Zeit fast die einzigen Frauen und mit unserer Meinung und unseren Ideen oft allein auf weiter Flur. Unsere Vorschläge, mehr Expertinnen in den Publikationen des Verlags zu integrieren, auch weibliche Rolemodels zu zeigen und mehr Artikel für eine weibliche Leserschaft zu schreiben, wurden zumeist abgetan, belächelt oder rundheraus als Quatsch abgelehnt – nicht mal aus Boshaftigkeit, sondern aus Unverständnis und der Unfähigkeit, sich in uns und eine weibliche Zielgruppe hineinzuversetzen. Zudem begegnete uns mantrahaft immer und immer und immer wieder die Aussage, man habe es ja wirklich gewollt, alles versucht, für das Interview, die Kolumne, das Panel aber einfach auf Teufel komm raus keine einzige Frau finden können. Leider. Sehr bedauerlich. Genau wie in Unternehmen ein Michael immer am liebsten einen weiteren Michael einstellt, recherchierte und schrieb hier auch ein Michael immer nur für Michael. Und – das war das für uns persönlich Tragische an der Sache – auch wir, Astrid und Daniela, haben ständig für Michael schreiben müssen, obwohl wir das viel lieber auch für Michaela und ihre Lebensrealität getan hätten.

Ein weiteres – nennen wir es mal Ärgernis, das uns in den Jahren als Finanzjournalistinnen immer wieder einschränkte und das wir gerne beseitigen wollten, war der Fakt, dass wir nicht nur in der Redaktion, sondern auch bei Finanzmessen, Wirtschaftsevents, Pressekonferenzen sowie in Interviewsituationen oft die einzigen Frauen oder zumindest immer deutlich in der Minderheit waren. Es ist nicht so, dass wir uns ununterbrochen unwohl gefühlt hätten oder verängstigt wie die Kaninchen in einer Ecke hockten. Meistens kamen wir wunderbar klar und mit den Männern um uns herum aus – lachten und scherzten mit ihnen, lernten von ihren Erfahrungen und sie von unseren und hatten eine gute Zeit. Ein dickes Fell und treffsichere Schlagfertigkeit haben wir uns über die Jahre dennoch angewöhnen müssen, um kecken Sprüchen und Anmachen, aber auch Angriffen und Demütigungen zu begegnen, sie zu entkräften, ihnen etwas entgegenzusetzen, sie wegzulachen, auszuhalten, zu ignorieren.

AUS DEM NÄHKÄSTCHEN

Jedenfalls gab es, seit wir uns in der Finanzbranche bewegen, reichlich Situationen, in denen Männer versuchten, uns vor versammelter MANNschaft bloßzustellen. Es gab Männer, die sich laut fragten, ob alle Frauen in der Finanzbranche „so heiß" wären, ob wir die „geilen Stiefel" (ganz normale schwarze Stiefel mit Absatz) angezogen hätten, damit niemand merkt, dass wir von Finanzen gar keine Ahnung haben. Danielas Highlight war eine Abendveranstaltung, bei der ein ehemaliger Kollege lachend feststellte, dass er nun endlich wisse, warum sie ihren Job bekommen hätte, nämlich „weil du beim Vorstellungsgespräch sicher auch dieses sexy rote Kleid anhattest und so hot aussahst wie jetzt gerade". Astrids Highlight sei auch nicht verschwiegen. Das männliche Mitglied einer Vermögensverwaltung gab Ratschläge, welche Protagonistinnen man doch mal im Magazin platzieren müsste. Interessiert hörte Astrid zu, als der Herr ihr eine sehr erfolgreiche und bekannte Managerin eines mittelständischen Unternehmens anpries. Bei ihr bekäme er nämlich immer einen Steifen, wenn er sie sähe.

Es gab Interviewpartner, die, ohne auch nur jemals ein Wort mit uns gewechselt oder einen Blick in unseren Lebenslauf geworfen zu haben, offen unsere Kompetenz anzweifelten, indem sie sich laut vernehmlich fragten, wieso „ein kleines Mädchen" geschickt worden sei, um sie zu interviewen. Genauso oft hörten wir später, als wir dann Kinder hatten, von männlichen Vorgesetzten, wenn wir beispielsweise zu einer Gehaltsverhandlung auf der Matte standen, dass wir doch „froh sein könnten, als Mütter diesen tollen Job überhaupt machen zu dürfen". Oder dass man es ja gar nicht verstehe, warum wir mehr Geld einfordern würden, da uns „der Job doch so viel Spaß macht" und wir „in unserer Situation als Mütter ja auch eine so gut bezahlte Stelle gar nicht mehr finden würden", oder dass es gar nicht sein könne, dass wir „die vielen Überstunden tatsächlich gemacht haben, weil wir uns ja auch noch um unsere Kinder kümmern müssten".

TABUS IN TURNKURSEN

Lange Rede, kurzer Sinn: Wir hatten keinen Bock mehr auf unsere alten Jobs, als wir uns an diesem verhängnisvollen Februartag trafen. Das taten wir derweil übrigens öfter, denn wir kennen uns mittlerweile seit rund acht Jahren und lebten auch damals bereits beide in Berlin. Doch über Geld hatten wir noch nie so offen gesprochen wie an diesem Morgen. Klar, als Finanzjourna-listinnen reden wir natürlich ständig über Investmentchancen, Durchschnittsgehälter, Steuertipps – im beruflichen Kontext sind Geldfragen ein Dauerthema. Aber eben nicht zwangsläufig im privaten Gespräch, denn selbst Finanzjournalistinnen sind gesell-schaftlich geprägt und wie viele andere auch mit dem Glaubens-satz sozialisiert worden, dass man über Geld – also die privaten Finanzen – besser nicht spricht. Private Finanzen sind, vor allem in Deutschland, unter Verschluss zu halten und gelten bei vielen noch immer als extremes Tabuthema, über das man oft sogar mit dem eigenen Partner, den Eltern oder der besten Freundin nie-mals reden würde. Über die Gründe dafür werden wir in diesem Buch noch ausführlich diskutieren.

Warum wir dennoch auf das Thema kamen? Das hat eine Vorge-schichte, die mit unserer damals neuen Rolle als Mütter zu tun hatte, die die Leser:innen ohne Kinder aber vielleicht auch aus anderen Kontexten kennen, von Familienfeiern oder aus dem Freundeskreis. Wie viele frischgebackene Eltern auch verbrachten wir mit unseren Kids Zeit in Krabbelgruppen, Turnkursen oder bei Musikangeboten. Dabei bleibt es natürlich nicht aus, dass man sich mit anderen austauscht. Ach ja, wenn wir Eltern schreiben, meinen wir eigentlich Mütter. Denn uns ist bei diesen Events leider – abgesehen von unseren eigenen Männern – kaum je ein Vater über den Weg gelaufen.

Grundsätzlich werden bei solchen Zusammentreffen alle möglichen Fragen diskutiert, von denen man vorher nicht einmal wusste, dass einen die Antwort jemals interessieren könnte. Warum schläft mein Kind nicht durch? Bin ich eine gute Mutter, wenn ich nicht stille? Braucht mein Kind einen Helm beim Bobbycarfahren? Wie lange nach der Geburt sollte ich warten, bis ich wieder Sex habe? Es wird wirklich ALLES besprochen, ob man es hören möchte oder nicht. Nur ein Thema bleibt immer außen vor: Geld!

Wir begannen zu diesem Zeitpunkt, unser Umfeld anzusprechen, fragten vorsichtig und später immer offener Freundinnen und Kolleginnen nach ihrer Altersvorsorge, andere Frauen nach ihren finanziellen Möglichkeiten, nach Investitionen, vorhandenem Vermögen, Ausgleichszahlungen für Elternzeit und Karriereknick und ihren Kontenmodellen. Wir fragten unsere Verwandten, wie sie das damals gemacht haben mit Geld in der Beziehung – und wie sie es heute machen –, und stießen fast immer auf Schulterzucken, Ratlosigkeit, Unwissenheit, Unsicherheit und auf viele tief und seit langer Zeit verinnerlichte negative Glaubenssätze. Wir hörten immer wieder Sätze wie „Unsere Finanzen macht mein Mann", „Geld interessiert mich überhaupt nicht", „Keine

Ahnung, darum hat sich mein Papa immer gekümmert", „Ich bin lieber glücklich als reich", „Finanzen sind was für Langweiler", „Ich habe echt keine Zeit, mich damit zu beschäftigen", „Ich bin lieber Mama als Karrierefrau", „Ich lebe lieber im Hier und Jetzt, als mir Gedanken um meine Altersvorsorge zu machen". Wir waren gleichermaßen fasziniert wie schockiert, hatten wir in unserer Finanzblase immer geglaubt, auch andere würden sich auf die eine oder andere Art um ihre Finanzen kümmern. Erst jetzt wurde uns mit einem Schlag so richtig klar, in welche finanziellen Abhängigkeiten sich viele Frauen noch immer begeben, wenn sie – aus welchen Gründen heraus auch immer – ihre Finanzen nicht in die eigenen Hände nehmen.

Im Durchschnitt verlieren Frauen mit einem Kind rund 140 000 Euro an Einkommen und 180 000 Euro, wenn sie zwei Kinder haben.

Finanziell besonders dramatisch wird es leider oft, wenn sie Kinder bekommen. Dabei spielt Geld gerade dann eine wahnsinnig wichtige Rolle, wenn man eine Familie gründet. Es fängt schon damit an, dass Kinder – glaubt man den Zahlen des Statistischen Bundesamtes – echt teuer sind. Bis zur Volljährigkeit kostet ein einziges Exemplar rund 148 000 Euro. Kleidung, Miete für eine größere Wohnung, Spielzeug, Reisen und Essen. Sehr viel Essen, wie Daniela aus eigener Erfahrung mit ihren Söhnen berichten kann. Wer einmal erlebt hat, wie schnell sich ein Kühlschrank leert, wenn zwei Jungs im Haushalt leben, die auch noch viel Sport machen, weiß, wovon wir sprechen.

Diese Kosten sollten und werden einen sicherlich nicht davon abhalten, eine Familie zu gründen, wenn man denn Kinder haben möchte, aber man muss sie auf dem Schirm haben. Noch sehr viel bewusster sollte einem der eigene Verdienstausfall sein, den das Kinderkriegen meist mit sich bringt. Insbesondere wir Frauen, die noch immer einen Großteil der Care-Arbeit – unter diesem Begriff werden Erziehungs-, Pflege- und Hausarbeit oft zusammengefasst – leisten, sind davon betroffen, wie wir in Kapitel 8 („Mein Mann verdient halt besser") noch ausführlicher diskutieren werden. An dieser Stelle sei lediglich einmal gesagt: Im Durchschnitt verlieren Frauen mit einem Kind rund 140 000 Euro an Einkommen und 180 000 Euro, wenn sie zwei Kinder haben – nicht, weil sie gar nicht mehr arbeiten, sondern weil sie weniger arbeiten, die Karriereleiter nicht weiter erklimmen (können) und Lebensentscheidungen immer vor dem Hintergrund einer gewissen (finanziellen) Abhängigkeit treffen müssen. Das ist ein riesiges Fass, das wir an der einen oder anderen Stelle in diesem Buch noch aufmachen werden, ist das Thema für uns doch längst der Casus knacksus bei der Diskussion um das Thema Geschlechtergleichstellung.

Tatsächlich glauben wir, wäre das Problem gar nicht so groß, wenn wir gesellschaftlich, politisch, in Unternehmen mehr und offener über Geld sprechen würden. Und im Privaten erst recht – mit Kolleg:innen, Freund:innen, Eltern, Partner:innen, Kindern. Diese These formulierten wir beim Frühstück vor fünf Jahren, und sie ist seither unser persönliches Motto bei allen Projekten, die wir machen: Lasst uns offen über Geld sprechen!

LET'S TALK ABOUT MONEY, HONEY!

Wir begannen damals darüber nachzudenken, was wir selbst beisteuern könnten, um unser Motto in die Welt zu tragen – und nebenbei etwas zu starten, was uns so viel sinnvoller erschien, als einfach den gleichen Trott weiterzugehen wie vor unserer Elternzeit. Vielleicht einen Blog schreiben, eine Kolumne, ein Female-Finance-Beileger in einem der Verlags-Publikationen. Nett, aber vermutlich wirkungslos, denn dort würden es die Frauen, die es sehen sollten, ja höchstens erspähen, wenn ihr Mann, Vater, Opa, bester Freund oder Mitbewohner es ihnen mitbrachte. Es musste ein eigenes Magazin sein – das allererste regelmäßig erscheinende Finanz- und Karrieremagazin für Frauen in Deutschland!

Wir pitchten unsere Idee und ein Konzept an den Verlag, bei dem wir damals noch angestellt waren. Die Idee gefiel, und Anfang 2020 erschien unser erstes Heft. Der Zulauf war sensationell, unsere Erwartungen wurden übertroffen, und noch im gleichen Jahr wurden wir vom Branchenmagazin *Wirtschaftsjournalist:in* unter die Top-3-Finanzjournalistinnen des Jahres gewählt. Unfassbar viele Frauen schrieben, dass sie durch uns angefangen hatten zu investieren, ihr Gehalt zu verhandeln und mit Frauen und Männern in ihrem Umfeld über Geld zu sprechen. Viele waren uns dankbar, dass wir dieses unnütze Tabu – wie mittlerweile auch viele andere Frauen, die sich auf diesem Gebiet mit Blogs, Kursen oder Social-Media-Kanälen engagieren – aufbrechen.

Aber woher kommt dieses Tabu überhaupt? Warum reden wir im Privaten nicht über Geld? Tatsächlich ist der Glaubenssatz „Über Geld spricht man nicht" eine kulturelle Norm, die in vielen Gesellschaften existiert. Er ist das Ergebnis von kulturellen, sozialen und historischen Einflüssen und drückt aus, dass es unhöflich oder rundheraus verboten sein kann, finanzielle Angelegenheiten offen zu thematisieren. Das Thema Geld wird als persönliches, ja, intimes Thema betrachtet, das Offenlegen finanzieller Details als indiskret – wenn auch in unterschiedlicher Intensität, was die verschiedenen Kulturen angeht. In einigen Ländern, wie etwas in den USA, wird nämlich sehr offen über Geld gesprochen, und das Thema gehört dort auch unter Fremden zum Party-Smalltalk, während hierzulande finanzielle Angelegenheiten schon fast einem Geheimhaltungsabkommen unterliegen.

Erst kürzlich wurde der Mangel an offenen Gesprächen über finanzielle Themen in Deutschland von Klarna, einem Zahlungsanbieter, in einer umfassenden Studie beleuchtet. Befragt wurden 19 293 Teilnehmer:innen aus 18 verschiedenen Ländern, unabhängig davon, ob sie Klarna-Dienste nutzten oder nicht. 64 Prozent der Befragten in Deutschland gaben an, mindestens einmal im Monat mit Freunden oder Familienmitgliedern über Geld zu sprechen.[1] Interessanterweise sagt jedoch gleichzeitig ein Drittel der Befragten aus, niemals über persönliche finanzielle Angelegenheiten zu diskutieren. Zudem fühlt sich nur etwa die Hälfte der Deutschen, konkret 52 Prozent, wohl dabei, Geldthemen zu erörtern. Andere Zahlen sind noch erschreckender. So zeigt eine gemeinsame Studie des Vergleichsportals Verivox und der Dating-App Parship, dass etwa ein Drittel der Deutschen die Höhe ihres Einkommens für sich behält. Rund die Hälfte verschweigt zudem die Höhe des eigenen Vermögens. [2] Dies zeigt, dass der Glaubenssatz „Über Geld spricht man nicht" bis in intimste Beziehungen und Kommunikationen hineinreicht.

AUS DEM NÄHKÄSTCHEN

Die Gründe für die Verschwiegenheit bei Geldthemen liegen meist im Bereich zwischen Neid, Missgunst und Scham. So hören auch wir immer wieder von unseren Leserinnen oder den Teilnehmerinnen unserer Workshops, dass es ihnen peinlich ist, ihr Gehalt gegenüber anderen offenzulegen. Während sich die einen für ein vermeintlich kleines Einkommen genieren, sich dadurch wertlos fühlen und Spott fürchten, haben die anderen Angst vor dem Neid von Fremden oder Freund:innen auf ihre guten Einkünfte.

So berichtete uns eine Workshopteilnehmerin, dass ihr eine Freundin rundheraus an den Kopf geworfen hätte, sie habe ihr hohes Gehalt überhaupt nicht verdient. Sie sei regelrecht wütend gewesen, weil sie monatlich so viel mehr zur Verfügung hat, obwohl sie der Meinung war, selbst die wichtigere Arbeit zu leisten. Eine andere Frau aus unserer Community erzählte uns, dass sie, nach ihrem Gehalt gefragt, stets lügen und es etwas höher ansetzen würde, weil sie der Ansicht sei, andere würden aufgrund ihres geringen Verdienstes Rückschlüsse auf den Wert ihrer Arbeit und ihre menschlichen Qualitäten ziehen und sie als Verliererin abstempeln – zumal sie noch alleinerziehend sei. Das sind nur zwei Beispiele von vielen. Die gute Nachricht aber ist: Die allermeisten Frauen, deren Feedback wir bekommen, sind begeistert und fühlen sich befreit von der Tatsache, ihre Finanzen in die eigenen Hände zu nehmen und endlich offen über Geld zu sprechen. Viele berichten uns davon, dass sie sich ein Herz gefasst und bei einem Abend mit Freundinnen das Thema angesprochen hätten. Und siehe da: Die anderen Frauen stiegen direkt ein. Nach dem Treffen wusste jede von ihnen, was die anderen verdienen, wie sie ihr Geld anlegen und welche Finanztipps ihnen wirklich geholfen haben. Auf diese Art bilden sich immer wieder kleine Whatsapp-Gruppen bis hin zu riesigen Online-Communitys von Frauen, die sich über ihre Finanzen austauschen, um Rat fragen oder von ihren neuesten Investments berichten. Eine Entwicklung, über die wir uns sehr freuen und die wir mitgestalten möchten.

UNSER LIFE-HACK

Wer mit anderen gerne über Geld sprechen will, sich aber (noch) scheut, direkt nachzufragen, wer wie viel verdient, kann ein Spiel vorschlagen: Bei diesem bekommt jede:r in der Runde einen kleinen Zettel und schreibt verdeckt seinen Nettolohn auf. Die Zettel werden erst eingesammelt und dann aufgedeckt auf den Tisch gelegt. Jede:r kann die einzelnen Summen sehen, aber nur erahnen, zu wem welches Gehalt gehört. Was dann passiert, bleibt euch überlassen. Ihr könnt offen sagen, wer welches Gehalt hat – oder es lassen. Der Austausch ist in jedem Fall spannend – und auch die Erkenntnisse. Die eine, die vielleicht immer dachte, viel zu wenig zu verdienen, ist in der Gruppe womöglich nun die Topverdienerin. Und jemand anderes stellt in dem sicheren Glauben, sehr viel zu verdienen, vielleicht plötzlich fest, dass sie oder er am Ende des Monats am wenigsten hat. Zugegeben: Das Spiel kann heikel werden und unangenehme Gefühle hervorrufen. Aber es ist auch eine Chance, über Geld zu sprechen, ohne sich nach seinem Gehalt zu bewerten, und es kann Ambitionen auslösen, sich weiterzuentwickeln. Denn Transparenz hilft in den meisten Fällen.

ANDERE LÄNDER ...

Einen Schritt weiter als hierzulande ist man diesbezüglich in Skandinavien. In Ländern wie Schweden hat die gesellschaftliche Transparenz und das Vertrauen in einen wohlmeinenden demokratischen Staat eine lange Tradition. Infolgedessen veröffentlichen die Steuerbehörden die steuerpflichtigen Einnahmen aus Arbeit und Vermögen der Bürger:innen für jeden einsehbar. So kann jede:r nachschauen, wenn er oder sie möchte, was die Nachbarin, der Ehemann oder die Kindergärtnerin verdient. Eine Ausnahme hiervon bilden lediglich die Finanzen des Königshauses.

Eine positive Folge der Transparenz für alle Bürger:innen ist die offene Debatte über die Angemessenheit von Gehältern, die letztendlich zur Verringerung der Einkommensunterschiede zwischen Gut- und Geringverdienern sowie zwischen Männern und Frauen führen, also potenziell auch das sogenannte Gender Pay Gap verringern kann. Zudem steigt die Steuermoral, da jede:r ganz easy einen Zusammenhang zwischen Lebensstil und versteuertem Einkommen herstellen kann.

Sogar in traditionellen, stark hierarchischen Gesellschaften wie zum Beispiel in China wird der finanzielle Status nicht als etwas betrachtet, das geheim gehalten werden muss. Soziale Hierarchien werden dort eher als normal angesehen, weshalb es als ganz natürlich gilt, dass einige Menschen mehr verdienen und mehr besitzen als andere. Folglich sind Klagen über Ungerechtigkeiten, Neid und Missgunst in diesen Gesellschaften nicht so tief verwurzelt wie in den westeuropäischen, die auf gute soziale Verhältnisse für alle und große Ausgeglichenheit bedacht sind.

MUT ZAHLT SICH AUS

Wir glauben daran, dass man seinen Erfolg und auch die eigene Zufriedenheit zumindest zu großen Teilen selbst in den Händen hält und für Mut belohnt wird. Offen über Geld zu sprechen – auch wenn es zuerst ungewohnt ist und vielleicht sogar Unbehagen auslöst – bringt viele Vorteile mit sich. Es geht dabei auch nicht darum, direkt jedem das eigene Gehalt zu offenbaren, wenn einem das nicht recht ist. Sondern es geht darum, mit Menschen, denen man vertraut und von deren Einschätzung man profitieren kann, in den Austausch zu gehen – und dort eben auch konkrete Preise, Summen, Honorare und Gehälter zu erfahren.

Das können zum Beispiel Kolleg:innen sein, auch wenn Arbeitgeber das nicht gerne sehen und bis heute Klauseln in Arbeits-
verträge schreiben, laut denen man nicht über das eigene Gehalt
sprechen darf. Das Landesarbeitsgericht Mecklenburg-Vorpom-
mern entschied bereits 2009, dass solche Klauseln in den allermeisten Fällen nichtig sind.[3] Das Gericht argumentierte damit,
dass Arbeitnehmer:innen keine andere Möglichkeit hätten, sich
einen Überblick über das Gehalt anderer Mitarbeiter:innen zu
verschaffen, als darüber zu sprechen. Du darfst das als normale:r
Angestellte:r also sehr wohl tun. Und solltest es auch, wenn du
es für hilfreich hältst!

Um zu verdeutlichen, welche Wirkung solche Geldgespräche
haben können, möchten wir dir zum Ende dieses Kapitels noch
von Birte Meier erzählen. Birte ist eine preisgekrönte Journalistin
und war lange Jahre Redakteurin beim ZDF. Dort hat sie für das
Investigativ-Format Frontal21 gearbeitet. Irgendwann beschlich
sie der Verdacht, schlechter bezahlt zu werden als ihre männlichen Kollegen – womöglich, weil sie eine Frau ist. Sie sprach mit
den Kollegen und stellte fest, dass sie allesamt tatsächlich besser
im Gehaltsgefüge des ZDF eingruppiert waren als sie – und das,
obwohl sie denselben Job machte. Begründet wurde dies mit der
vermeintlich längeren Berufserfahrung und Betriebszugehörig-
keit. Als sie auf einer Weihnachtsfeier einen jüngeren Kollegen,
der erst seit kurzer Zeit im Unternehmen war, zu seinem Gehalt
befragte, fand sie jedoch heraus, dass auch er besser verdiente.
Es war also klar, dass sie diskriminiert wurde.

Birte erzählte uns ihre Geschichte vor einiger Zeit bei unserem
Lieblings-Vietnamesen in Berlin-Mitte. Sie berichtete von der
Klage gegen ihren Arbeitgeber, die zu dem Zeitpunkt bereits seit

mehreren Jahren vor Gericht verhandelt wurde – unter hohem Zeitaufwand und Einsatz erheblicher finanzieller Ressourcen, die sie nur dank ihrer Rechtsschutzversicherung und dem Engagement des gemeinnützigen Vereins „Gesellschaft für Freiheitsrechte" stemmen konnte. Gleicher Lohn für gleiche Arbeit – das kann doch nicht so schwer sein, hatte sie gedacht. Im Sommer 2023 endete der Prozess – nach acht Jahren nervenaufreibendem Kampf – mit einem Vergleich, über den nichts bekannt ist. Der Fall hatte bundesweit Schlagzeilen gemacht. Birte Meier, die mittlerweile im Investigativ-Team von RTL arbeitet, war eine der ersten Frauen in Deutschland, die für gleiche Bezahlung vor Gericht gezogen sind. Ihre Geschichte, über die sie mittlerweile ein Buch – *Equal Pay now!* – geschrieben hat, motivierte viele andere Frauen, sich gegen Lohndiskriminierung und unfaire Bezahlung zu wehren – auch uns.

AUS DEM NÄHKÄSTCHEN

Wie oben bereits kurz erzählt, entwickelten wir die Idee des ersten regelmäßig erscheinenden Frauenfinanzmagazins der Republik mitten in unserer Elternzeit, pitchten sie bei unserem ehemaligen Arbeitgeber, entwickelten ein Konzept und etablierten die Marke inklusive Chefredaktion aller analogen und digitalen Produkte am Markt. Dabei verdienten wir zum Teil deutlich weniger als die männlichen Chefredakteure im Verlag. Das stellten wir fest, nachdem wir erst miteinander, dann mit unseren Kolleg:innen und schließlich mit der Geschäftsführung sprachen. Die Gehaltsunterschiede waren teils eklatant – und wurden von der Geschäftsführung nicht einmal bestritten. Sämtliche Vorschläge, einen Ausgleich herbeizuführen – sogar über ein drei Jahre laufendes Stufenmodell –, sowie unser Angebot, auf unsere alten Gehälter zurückzugehen, sollte das neue Magazin scheitern, wurden vom Arbeitgeber abgelehnt. Eines von vielen Argumenten war, dass einfach kein Geld für unsere Gehaltswünsche da sei, übrigens auch nicht für unsere zahllosen Überstunden, die wir angehäuft hatten, weil wir einen Großteil der Arbeit allein erledigen mussten. Als dringend benötigte Hilfe in Form eines Textchefs, der uns zuarbeiten sollte, endlich eintraf, stellten wir das Unvorstellbare fest: Obwohl seine Position unter der unseren angesiedelt war, verdiente er mehr als die eine und etwa genauso viel wie die andere von uns. Im Impressum war er zudem dann nicht wie angekündigt als Textchef aufgeführt, sondern plötzlich als Chefredakteur – sein Name stand alphabetisch bedingt sogar über unseren, also denjenigen, die die Idee für das Magazin ersonnen und es fast zwei Jahre lang am Markt etabliert hatten. Getreu dem Motto „Wenn du fliegen willst, musst du die Sachen loslassen, die dich runterziehen" (von Toni Morrison) war das der Moment, in dem wir gemeinsam unsere Jobs kündigten. Auch wenn es uns in der Seele wehtat, unser „Baby" nach sieben Ausgaben zurückzulassen, merkten wir schnell, wie richtig, wichtig und wohltuend dieser Schritt war.

Mit einer gesunden Portion Wut im Bauch gründeten wir kurzerhand unsere eigene Media-Agentur – Fresh & Furious. Der

Name war kein Zufall – und erinnert uns bis heute jeden Tag daran, wie wichtig ein Neustart und eine vorwärtsgewandte und positive Wut ist, um etwas zu verändern. Heute haben wir unseren eigenen Verlag, die Fresh & Furious GmbH & Co. KG, und mit *finanzielle* ein Frauenfinanzmagazin, das frischer, dynamischer, vielseitiger und mehrwertiger ist, als wir es vor ein paar Jahren kaum zu träumen gewagt hätten.

GELDGESPRÄCHE ALS GAMECHANGER

Warum erzählen wir dir das alles? Weil die Geldgespräche, die wir damals im beruflichen Kontext führten, zwar ernüchternd und oft zermürbend, aber gleichzeitig unser größter Gamechanger waren. Stünden wir heute da, wo wir stehen, wenn an der Station zuvor alles super oder auch nur so einigermaßen okay gelaufen wäre? Sicher nicht. Über Geld zu sprechen, es nicht zum Tabu zu machen, uns nicht mit offensichtlichen Ungerechtigkeiten abzufinden, hat uns wachsen lassen – auch wenn der Weg ziemlich holprig und kräftezehrend war, sind wir heute dankbar und stolz, dass wir ihn gegangen sind.

Über Geld zu sprechen bringt jede:n von uns auf unterschiedliche Weisen voran. Es muss ja nicht gleich so dramatisch sein. Aber Geld beeinflusst so viele Aspekte unseres Lebens, dass ein offener Dialog darüber enorm hilfreich sein kann – schon allein, um herauszufinden, wo du stehst und welcher Geldtyp du bist. Eher vorsichtig, sparsam, risikofreudig? Jede:r hat unterschiedliche Erfahrungen, Tipps und Tricks im Umgang mit Geld und Finanzen. Indem wir miteinander sprechen, können wir voneinander lernen und neue Perspektiven gewinnen. Vielleicht hast du den Wunsch, deine Finanzen endlich anzugehen und tiefer in das Thema einzusteigen, bist jedoch unsicher, wie du anfangen sollst. Auch dann kann dir der Austausch mit anderen kluge Herangehensweisen offenbaren. Vielleicht hat jemand eine großartige Investitionsmöglichkeit entdeckt oder kennt kreative Wege, um Geld zu sparen. Diese Einblicke können dir helfen, bessere finanzielle Entscheidungen zu treffen. Nutze Gespräche über Geld und Anlagemöglichkeiten, um dein finanzielles Bewusstsein und deine finanzielle Bildung zu schärfen. Du kannst die Erfahrungen anderer als Inspiration für deinen eigenen Weg verwenden oder kritisch hinterfragen. Das tun auch wir bis heute. Stößt eine von uns auf eine spannende Aktie oder einen neuen ETF, tauschen wir uns darüber aus. Das Interessante: Wir haben oft ganz unterschiedliche Perspektiven. Während Astrid für das Thema Luxusgüterindustrie und Louis-Vuitton-Aktien mangels eigenem Interesse an Designerprodukten früher nur wenig übrighatte, wusste Daniela als Tech-Dummy nichts mit den Grafikkarten von Nvidia anzufangen. Heute sind wir jeweils Aktionärinnen beider Unternehmen. Astrid, die Verhandlungen früher scheute und mit dem – aus ihrer Sicht – Basargehabe nichts anfangen konnte, lernt begeistert von Daniela, Preise neu zu gestalten, während Daniela Astrids ausgefeilte Survivaltipps in Sachen Steuern und Buchhaltung übernimmt. Wir profitieren einfach voneinander – von unserem Wissen, unseren Erfahrungen und unserem Netzwerk. Und zusammen ist es auch viel lustiger.

ES IST WICHTIG, DASS WIR UNS BEWUSST MACHEN, DASS GELD EIN WERKZEUG IST, UM ZIELE ZU ERREICHEN UND UNSER LEBEN ZU GESTALTEN.

Gleichzeitig haben wir in Gesprächen mit Dritten festgestellt, wie befreiend es sein kann, über Geld zu sprechen. Erst zögerlich, dann offener. Irgendwann setzt eine schiere Begeisterung darüber ein, sich zu Geld mitteilen zu können – nicht nur, um Fragen zu klären, die an uns herangetragen werden, sondern auch, um Erfolge zu präsentieren und dafür Anerkennung und Freude zu ernten. Je offener wir über Geld reden, desto leichter wird es für alle, sich mit finanziellen Herausforderungen auseinanderzusetzen und Lösungen zu finden. Letztlich ist es wichtig, dass wir uns bewusst machen, dass Geld ein Werkzeug ist, um Ziele zu erreichen und unser Leben zu gestalten. Indem wir darüber sprechen, können wir uns daran erinnern, dass Geld nicht nur

Zahlen auf einem Konto sind, sondern eine Ressource, die uns befähigt, unser Leben zu verbessern und unsere Träume zu verwirklichen. Lasst uns darum über Geld sprechen – um zu lernen, Unterstützung zu bieten und eine gesündere Einstellung zu Finanzen zu entwickeln!

„GELD INTERESSIERT MICH EINFACH NICHT"

Stimmt, mich auch nicht, wirst du jetzt vielleicht denken. Und: *Was ist falsch an diesem Glaubenssatz?* Spontan würden ihn die allermeisten Menschen wohl als positiv bewerten. Der Person, die diesen Satz ausspricht, bedeuten ideelle Reichtümer wie Freundschaft, Liebe und Familie eben mehr als finanzieller Wohlstand. Persönliche Entwicklung und Zufriedenheit sind ihr wichtiger als Geld. So weit, so sympathisch. Und wenn man mal ehrlich ist, auch nicht gerade außergewöhnlich. Es sei denn, du heißt

Dagobert Duck, Charles Montgomery Burns oder Cheryl Blossom. Abgesehen von diesen dreien würden die meisten Menschen, vor die Wahl gestellt, wohl eher ihr Geld als ihre große Liebe über die Klinge springen lassen und die Wichtigkeit ihrer Gesundheit oder die ihrer Familienmitglieder und Freund:innen über ihren materiellen Reichtum stellen.

Tatsächlich haben wir den Glaubenssatz „Geld interessiert mich einfach nicht" bisher in der deutlichen Mehrheit von Frauen gehört. Oft in Situationen wie der folgenden.

AUS DEM NÄHKÄSTCHEN

Wir waren eingeladen. Ein kleines Dinner in den Räumlichkeiten einer befreundeten Gründerin. Gehoben, sehr schick eingerichtet. Offensichtlich edle Designermöbel, teure Drinks, die Gäste mit den einschlägigen Accessoires. Über Geschmack kann man streiten, aber es ist müßig. Insgesamt war die Veranstaltung sehr gelungen – optisch wie kulinarisch. Dennoch sprach uns bei nächster Gelegenheit eine ebenfalls an dem Abend anwesende Frau an: „Puh, das war ja ganz schön pompös, was? Da hat man sich ja gefühlt wie bei den Kardashians. Hahaha! Also, ich brauche diesen ganzen Schnickschnack nicht. Aber ich mache mir ja auch nichts aus Geld."

Damit wir uns richtig verstehen: Auch für uns gibt es wichtigere Dinge als Geld. Auch wir stellen Liebe, Zufriedenheit und Gesundheit über alles und definieren Geld und alles Positive, was damit verbunden ist, nicht als wichtigsten – aber dennoch als wichtigen Lebensinhalt. Wir machen uns – als Finanzjournalistinnen schon beruflich bedingt – so einiges aus Geld. Nicht zuletzt gehört Geld zu einer für uns alles entscheidenden Lebensgrundlage, ob es uns nun gefällt oder nicht.

Leider wird der Satz „Geld interessiert mich einfach nicht" oft als Rechtfertigung oder Ausrede genutzt – gar nicht selten, ohne dass die Situation eine solche erfordert hätte, wie in der Gesprächsnotiz von oben. Hier lohnt es sich, die eigentliche Motivation, den Satz überhaupt zu sagen, zu hinterfragen. War es das Unverständnis über bestimmte Konsumentscheidungen an und für sich? Hätte die Person womöglich dieselbe Summe Geld, die unsere Gastgeberinnen für teure Drinks, Schmuck und Taschen ausgegeben haben, für eine Reise auf den Kopf gehauen? Dann wäre vielleicht eine Aussage wie diese sinnvoller gewesen: „Ich gebe mein Geld lieber für Reisen aus, weil mir die Erfahrungen und Erinnerungen, die ich dort sammle, persönlich mehr bedeuten als Designertaschen und glitzernde Tischdeko." Fair enough!

Vielleicht steckt hinter dem Satz aber auch die tiefe Überzeugung, dass teure Besitztümer, Luxusgüter oder pompöse Statussymbole sich einfach nicht schicken, nicht mehr zeitgemäß oder gar obszön sind. Man hätte das Geld lieber spenden sollen, anstatt es für eine alberne Champagner-Party zum Fenster hinauszuwerfen. In dem Fall möchte man vielleicht anderen eine gewisse Selbstlosigkeit vermitteln und durch die Blume darauf hinweisen, dass man den betreffenden Umgang mit Geld nicht gutheißt. Man möchte zeigen: Ein einfaches, aber glückliches Leben steht für mich im Fokus. Wobei auch eine Champagner-Party natürlich sehr glücklich machen kann. Aber die Person will ausdrücklich betonen, dass ihre Prioritäten nicht auf dem

Streben nach Geld und Besitztümern liegen – weil sie vielleicht glaubt, ein besserer Mensch zu sein, und es vielleicht ja ist, vielleicht aber auch nicht, sie nachhaltiger konsumiert oder einfach gefallen und kein Aufsehen erregen will.

Oder spielen gar Gefühle wie Neid, Missgunst und auch Scham eine Rolle? Dass man das Gefühl hat, mit den dargebotenen, vermeintlich besseren materiellen Lebensumständen einer Person nicht mithalten zu können?

GLAUBENSSATZ-ANALYSE

Lassen wir die Champagner-Szene und die Party unserer Freundin hinter uns und tauchen etwas tiefer in den Ursprung und die Hintergründe für den Bullshitsatz „Geld interessiert mich einfach nicht" ein – denn die können völlig unterschiedlich sein, und ganz verschiedene Szenarien sind denkbar.

Szenario 1: Es könnte sein, dass die Person, die einen solchen Satz sagt, selbst so gut finanziell abgesichert ist, dass ihr Geld tatsächlich recht egal ist und sie sich darum wenig Gedanken um Finanzielles macht. Sie muss sich keine Sorgen um ihre Altersvorsorge oder auch nur den nächsten Wocheneinkauf machen, sie pflegt einen entspannten Umgang mit Finanzen und kann darum mit Leichtigkeit und auch voller Überzeugung behaupten: „Mir ist Geld nicht so wichtig. PS: Weil ich genug davon habe, bestens damit leben kann, mich nicht einschränken muss und am Ende des Monats immer noch ganz viel davon da ist. Ich könnte mich zwar (noch mehr) kümmern, muss es aber nicht." Zugegeben: Das werden die wenigsten Menschen sein – und wer vor diesem Hintergrund mit voller Inbrunst diesen Satz sagen kann: Chapeau! Es klingt zumindest danach, als habe diese Person ihre Finanzen im Griff – vielleicht, weil sie einfach sehr sparsam lebt, hart für ihr Geld arbeitet, es gut anlegt, geerbt oder im Lotto gewonnen hat. Vielleicht hat sie ihre eigenen Ziele im Blick, statt sich um das Verhalten und die Besitztümer anderer zu kümmern.

Es könnte aber auch sein, dass hier eine gewisse Überheblichkeit im Spiel ist. Vielleicht würde dieser Person etwas mehr Bewusstsein für die eigene privilegierte Position gut stehen. Denn viele Menschen müssen sich ununterbrochen Gedanken über Geld machen – weil sie so wenig davon haben und sich jeden Cent vom Munde absparen. Ihnen kann Geld schon deshalb nicht egal sein, weil sie es für existenzielle Dinge wie Miete, Lebensmittel und Kleidung immer wieder zusammenkratzen müssen. In diesem Fall: Kopf bitte mal kurz aus deiner Bubble stecken, über den Tellerrand schauen und etwas mehr Feingefühl beim Aussprechen solcher Sätze walten lassen. Es könnte nämlich sein, dass dein Gegenüber die Aussage „Geld interessiert mich einfach nicht" gar nicht lustig findet, weil sie als alleinerziehende Mutter gerade überlegt, wie sie den nächsten Einkauf wuppen soll.

Szenario 2: Menschen neigen dazu, sich zu vergleichen. Das ist menschlich und auch keinesfalls verwerflich und geschieht aus allerlei Gründen: Es hilft uns herauszufinden, wo wir im sozialen Dschungel stehen – wer wir sind, was wir können, wie es uns so geht und wie wir materiell dastehen. Auch in der Gemeinschaft ist der Vergleich wichtig – etwa, um herauszufinden, welche unserer Fähigkeiten wir wie einbringen können –, hier lässt die Evolutionstheorie grüßen. Bevor wir als Gruppe einfach ins Wasser springen, um durch den Fluss zu schwimmen, checken wir vorher ab, wer von uns wohl am besten dafür geeignet ist, wer die beste Stelle findet, Gefahren erkennt und es am ehesten auf die andere Seite schaffen kann, um unser Überleben zu sichern.

Menschen, die auf die eine oder andere Weise vermeintlich erfolgreicher sind als wir – egal, in welchem Lebensbereich –, können dafür sorgen, dass wir Neid und/oder Scham empfinden. Statt uns anspornen zu lassen von den Erfolgen und Taten anderer, werten wir ab, was sie erreicht haben oder in ihrem Leben leisten. Und rechtfertigen damit unseren eigenen Status quo. Auf Geld bezogen ist es uns dann eben nicht wichtig. Fertig, aus. Wenn wir wollten, könnten wir die Erfolge anderer natürlich easy nachmachen. Wollen wir aber nicht. Haben wir ja gar nicht nötig. Es ist ein trügerischer Selbstschutz, der dazu führt, dass wir nicht ins Tun kommen, sondern verharren, wo wir sind. Und im schlimmsten Fall dort verbittern und versauern.

Tatsächlich leben wir in Deutschland in einer Gesellschaft mit ausgeprägter Neidkultur. Leider. Vermeintlich zur Schau gestellter Reichtum oder auch nur Erfolg wird oft verurteilt und als Angeberei abgestempelt. Zugleich ist es verpönt und mit Scham behaftet, wenig Geld zu haben oder gar arm zu sein. Dann gehört man zur Unterschicht, zu den Menschen, die es nicht geschafft haben. Man denke nur an den berühmten Vorgarten des Nachbarn. Ist er zu schön, zu üppig, zu auffällig, wird er dennoch runtergeputzt. Ist er zu oll, mit Unkraut übersät oder zu karg, gefällt es auch nicht. Neid sowie Scham führen beide zum gleichen Ergebnis: bloß nicht auffallen, sich anpassen. Auf Geld bezogen resultiert das in der Realität darin, dass nicht über Vermögen, Besitztümer, Anlagewerte und Gehälter gesprochen wird. Geld ist tabu!

Fest steht, dass es in unserer Gesellschaft schnell passiert, dass Menschen sich sowohl für ihren Reichtum als auch für ihre Armut schämen und umgekehrt neidisch auf den vermeintlichen oder tatsächlichen Wohlstand anderer blicken. Sie bemessen ihren eigenen Wert als Individuum dann fälschlicherweise am Stand ihres Kontos oder ihrem monatlichen Gehaltszettel, anstatt beides – den Wert ihrer Arbeit und den Wert ihrer Person – voneinander zu trennen. Oft sind solche Statussymbole auch nur eine Momentaufnahme, die wenig darüber aussagt, was jemand tut und wie jemand ist. Und dennoch können sie eben Trigger sein, die verinnerlichte negative Glaubenssätze – beispielsweise über wohlhabende Menschen – an die Oberfläche brechen lassen, ohne dass man sich dessen bewusst ist (siehe auch Kapitel 4, „Geld verdirbt den Charakter").

Szenario 3: Vielleicht ist der Person, die den Satz „Geld interessiert mich einfach nicht" ausspricht, Geld tatsächlich völlig egal. Nicht, weil sie davon genug hätte, sondern schlicht, weil sie damit nichts anfangen kann. Weil sie von der Hand in den Mund lebt und keinerlei Wert auf finanzielle Sicherheit legt. Das findet sie auch deshalb okay, weil es ja niemanden etwas angeht, ob sie oder er sich um ihre oder seine Finanzen kümmert oder nicht. Das sehen wir anders. Aus unserer Sicht ist so ein Verhalten völlig verantwortungslos – sich selbst gegenüber, aber auch allen, die dafür womöglich die Konsequenzen tragen müssen. Denn spätestens im Alter wird ein solches Verhalten zu finanzieller Abhängigkeit und im schlimmsten Fall zu Altersarmut führen. Der Staat und damit der Steuerzahler muss dann für diese Person aufkommen, vielleicht müssen auch eventuell vorhandene Kinder finanziell unterstützen und haben dann im Zweifel nicht nur ihre eigenen

Nachkommen, sondern auch noch die alten Eltern durchzufüttern. Wir zumindest möchten eine solche Situation nicht – nicht für uns selbst und erst recht nicht für unsere Kinder.

Wie gesagt, auch für uns persönlich ist Geld nicht das höchste Gut auf Erden. Aber wir sind uns sehr bewusst, was uns Geld bieten und was wir auch mit Geld bewirken, wie wir helfen und auch für andere da sein können. Geld bringt nichts Geringeres als Unabhängigkeit, die Chance, tun zu können, was wir wirklich machen wollen, die Möglichkeit, uns zu verwirklichen, neue Wege zu gehen, und die Freiheit, Nein sagen zu können zu Dingen, die wir nicht machen möchten. Geld kann – richtig eingesetzt – helfen, deine Lebensziele zu erreichen. Diese können natürlich von Mensch zu Mensch ganz unterschiedlich ausfallen und hängen letztlich von individuellen Prioritäten und Werten ab. Vielleicht ist es dir nicht wichtig, die Rich Bitch No. 1 zu werden, aber finanzielle Unabhängigkeit liegt in deinem Verantwortungsbereich – für dich und dein Leben. Unterm Strich würde der Glaubenssatz „Geld interessiert mich einfach nicht" implizieren, dass du dir auch aus sehr vielen anderen Dingen nichts machst – aus Dingen, die man mit Geld kaufen oder erreichen kann, die das eigene Leben oder das anderer Menschen bereichern, erleichtern und wertvoller machen. Dir wären damit auch wichtige Lebensgrundlagen wie Freiheiten, Chancen, Sicherheiten oder soziale Verantwortung egal.

 UNSERE TIPPS FÜR DICH

Höre in dich hinein – ist es wirklich so, dass du dir nichts aus Geld machst? Welche Dinge, die du mit Geld kaufen oder erreichen kannst, sind dir vielleicht wichtig? Mach eine kurze oder auch lange Liste und

schreibe all das einmal auf. Überlege dir, ob vielleicht auch Scham oder Neid eine Rolle spielen. Das sind ganz normale und menschliche Gefühle, die jede:r von uns hat. Aber versuche zu ergründen, warum du sie empfindest, wenn du zum Beispiel mit einer sehr wohlhabenden Person oder einer Situation konfrontiert bist, in der du von offensichtlichem Wohlstand umgeben bist. Wichtig ist es, dich auf deine Ziele zu konzentrieren und diese konsequent zu verfolgen. Wenn du auf dich fokussiert bist, dann orientierst du dich weniger an dem, was andere machen.

Spielt bei dir vielleicht auch Unsicherheit und Unwissenheit beim Thema Finanzen eine Rolle? Tatsächlich kann sich auch eine fehlende finanzielle Bildung auf deine Annahme auswirken, dass du dir nichts aus Geld machst. Dafür brauchst du dich nicht zu schämen. Es geht vielen Menschen, insbesondere Frauen, so, dass sie sich mit dem Thema Finanzen noch nicht so gut auskennen. Glücklicherweise gibt es aber mittlerweile sehr viele Möglichkeiten, sich zu Geld, Anlagemöglichkeiten und Vermögensaufbau zu informieren. Ein paar Tipps dazu geben wir dir im Kapitel 5 („Ich kann einfach nicht gut mit Geld umgehen“).

„ICH HABE DAS NICHT VERDIENT"

Kennst du solche Dialoge?

Du: Ich wünsche mir so sehr, erfolgreich zu sein und Anerkennung zu bekommen.

Jemand anderes: Du hast doch aber bisher noch gar nichts geleistet in deinem Leben. Von nichts kommt nichts.

Du: Aber ich arbeite schon so hart und setze mich ein.

Jemand anderes: Tja, andere sind eben viel talentierter und engagierter als du. Du hast nicht genug erreicht, um Anerkennung zu verdienen.

Du: Ich gebe aber mein Bestes und lerne ständig dazu. Warum sollte ich es nicht verdienen, Erfolg zu haben?

Jemand anderes: Schau dich an, es gibt so viele Leute, die besser sind, die in kürzerer Zeit mehr erreicht haben. Du bist nichts Besonderes.

Du: Jeder hat doch seine eigenen Stärken und Ziele. Ich arbeite an meinen. Erfolg ist subjektiv.

Jemand anderes: So willst du dich nur herausreden. Die Realität liegt doch auf der Hand: Du tust nicht genug und kannst auch nichts sonderlich gut. Du hast es einfach nicht verdient!

Du: Aber ich habe doch einen guten Abschluss gemacht und auch direkt einen guten Job gefunden.

Jemand anderes: Das war nur Glück! Irgendwann werden sie bei der Arbeit schon merken, dass du dir den Job eigentlich nur erschlichen hast.

Fies, oder? Menschen, die einem so etwas sagen, braucht wirklich niemand in seinem Leben. Und wer sie im Umfeld hat, sollte sie schnellstmöglich loswerden. Aber stell dir vor, diese Person wohnt nicht drei Straßen weiter, sondern in dir selbst, in deinem eigenen Kopf. Eine innere Stimme, die dich ständig runtermacht, die dir erzählt, dass du nichts kannst, ein:e Versager:in auf ganzer Linie bist, deine Ziele ohnehin nicht erreichst, eine Belastung bist für andere Menschen und im Grunde nichts Liebenswertes an dir hast. Kurzum: Du bist ein Niemand und hast es darum auch nicht verdient, erfolgreich zu sein und die Dinge zu schaffen, die du dir wünschst. Tatsächlich spiegelt dieser Dialog die inneren Kämpfe wider, denen viele Menschen, insbesondere Frauen, tagtäglich gegenüberstehen, wenn es um ihre eigenen Erfolge und Verdienste geht. Zweifel, nicht gut genug zu sein, nicht zu gefallen, den Erwartungen – den eigenen wie denen von außen – nicht zu entsprechen, nicht zu performen, die gesteckten Ziele nicht zu erreichen, sind bei ihnen in unterschiedlicher Ausprägung allgegenwärtig. Während manche Menschen einfach nur eine gewisse und mitunter sogar gesunde Nervosität und Aufgeregtheit an den Tag legen, wenn es besondere Herausforderungen zu meistern gilt, werden andere durch permanente Selbstzweifel gequält. Diese Selbstzweifel, die durch das innere Ich geäußert werden, spiegeln das Phänomen des Imposter-Syndroms wider – in der Psychologie auch Hochstapler-Syndrom genannt. Den Begriff haben die amerikanischen Psychologinnen Pauline R. Clance und Suzanne A. Imes in den 70er-Jahren eingeführt, um Menschen zu beschreiben, die zwar Großes leisten, ihre Leistungen aber stets externen Faktoren, wie etwa Glück oder Zufall, zuschreiben, statt dem eigenen Können. Diese Menschen haben trotz ihrer Erfolge das Gefühl, diese eigentlich nicht verdient zu haben. Dadurch wähnen sie sich in ständiger Gefahr, als Betrüger:innen entlarvt und bloßgestellt zu werden. Die ununterbrochene Selbstkritik und die Zurückweisung des eigenen Erfolgs, selbst wenn objektive Anstrengungen unternommen werden und die Erfolge für Außenstehende ganz klar auf der Hand liegen, sind charakteristisch für das Imposter-Syndrom. Ebenso wie das Arbeiten bis zur völligen Erschöpfung, um durch immer bessere Leistungen die eigene angenommene Unfähigkeit zu überdecken. Der Dialog oben verdeutlicht, wie diese negativen Selbstgespräche den Glauben an die eigene Leistungsfähigkeit untergraben und die individuelle Wertschätzung infrage stellen können. Dass sich diese Gemengelage auch auf deine finanzielle Situation auswirkt – beispielsweise was die Entwicklung eines eigenen positiven und aufgeräumten Money Mindsets oder auch das Führen erfolgreicher Gehaltsverhandlungen betrifft –, liegt auf der Hand.

BESCHEIDENHEIT IST EINE ZIER?

Was zunächst als etwas übertriebene Bescheidenheit durchgehen mag, kann sich zu einer handfesten psychischen Erkrankung auswachsen, mit der die Betroffenen allein irgendwann nicht mehr zurechtkommen. Clance und Imes war das Phänomen aufgefallen, als sie erfolgreiche, berufstätige Frauen befragten und feststellten, dass viele von ihnen ihre eigenen Leistungen nicht etwa für überdurchschnittlich hielten, sondern sich selbst als Hochstaplerinnen wahrnahmen. Weil das Imposter-Syndrom neben extremem Druck und Angst, entdeckt zu werden, im schlimmsten Fall zu schweren Depressionen führen kann, ist es wichtig zu erkennen, dass die inneren Kämpfe, die Betroffene ausfechten, für sie real sind und viel mehr Menschen betreffen, als man vielleicht annimmt – wie gesagt: in unterschiedlich starker Ausprägung. Zum Glück wird immer offener über Imposter gesprochen – auch von bekannten Persönlichkeiten. Maya Angelou betonte beispielsweise in Interviews, dass sie oft Angst hatte, irgendwann als schlechte Schriftstellerin entlarvt zu werden, obwohl sie weltweit für ihre beeindruckenden Werke bekannt ist. Die Schauspielerin Emma Watson, bekannt als Hermine Granger in den *Harry-Potter*-Verfilmungen, hat immer wieder öffentlich erklärt, dass sie sich oft fragt, ob sie ihren Erfolg wirklich verdient hat. Und auch Sheryl Sandberg – bis 2022 Co-Chefin bei Meta und Autorin des Bestsellers *Lean In* – hat über ihre eigenen Erfahrungen mit dem Imposter-Syndrom gesprochen. „Es gibt immer noch Tage, an denen ich aufwache und mich wie eine Betrügerin fühle, nicht sicher, ob ich dort sein sollte, wo ich bin." Nur zur Einordnung: Sandberg ist als Jahrgangsbeste von der Elite-Uni Harvard abgegangen und wird in der Forbes-Liste der „50 mächtigsten Geschäftsfrauen" der Welt aufgeführt. Eine Frau, die wohl noch bekannter sein dürfte, ist Michelle Obama, die ehemalige First Lady der USA und ebenfalls Harvard-Absolventin. Auch sie ist mit diesem Thema vertraut und sprach in Interviews und in ihrem Buch *Becoming* darüber, wie sie sich trotz ihrer beeindruckenden Karriere oft unsicher fühlte und immer wieder ihre eigenen Fähigkeiten infrage stellte.

HOCHSTAPLERIN ODER HOCHLEISTERIN?

Auch in unserem Alltag begegnen uns immer wieder Menschen, meistens Frauen, die trotz beeindruckender Erfolge und spannender Biografien ihr Licht unter den Scheffel stellen oder hinterfragen, ob das von ihnen Geleistete tatsächlich einen Mehrwert hat. Natürlich sind Selbstzweifel bis zu einem bestimmten Grad etwas völlig Normales und Menschliches. Selbst schwere Fälle von Imposter können wieder abklingen. „Einmal Imposter, immer Imposter" gilt zum Glück nicht. Im Gegenteil erleben sehr viele Menschen im Laufe ihres Lebens das Hochstapler-Syndrom in verschiedenen Ausprägungen. Oft sind es sogenannte

Vorreiter:innen, die betroffen sind, etwa die Ersten in ihrer Familie, die studieren. Andere Theorien gehen davon aus, dass die ständige Konfrontation mit Sexismus, Vorurteilen und auch systemischem Rassismus Gefühle von Unzulänglichkeit und damit Imposter erst auslösen, weswegen Frauen of Color besonders davon betroffen sind.[4] Es müssten sich also weniger die Betroffenen als das System ändern. Das genau geschieht aber nicht oder noch viel zu selten: Die Aufgabe, dieses System zu hinterfragen, wird oft den Betroffenen aufgebürdet. Dabei sollte es eine kollektive Aufgabe sein, insbesondere von jenen mit Privilegien, die dieses System – oft unbewusst – stützen.

Die genauen Ursachen für das Auftreten des Phänomens sind derweil nicht vollständig geklärt. Studien deuten aber darauf hin, dass die Erziehung und der familiäre Hintergrund eine Rolle spielen können – insbesondere dann, wenn Eltern die Wichtigkeit von Leistung und Erfolg bei ihren Kindern stark betonen und diese stetig bewerten – egal, ob kritisch oder lobend.

Auch Perfektionismus ist hier mit von der Partie. So neigen Menschen, die hohe persönliche oder gesellschaftliche Ansprüche an sich selbst stellen, dazu, ihre eigenen Leistungen ständig infrage zu stellen. Der Gedanke, nicht perfekt zu sein, verstärkt das Imposter-Gefühl. Wenn sie eigene Erwartungen nicht erfüllen können, neigen sie zu kontraproduktiven Gedanken und Verhaltensweisen, was darin münden kann, dass anstehende Aufgaben hinausgezögert oder nie abgeschlossen werden, um keine unperfekten Ergebnisse zu liefern. Alternativ wird überdurchschnittlich viel Aufwand betrieben, um mit perfekten Resultaten aufwarten zu können. Auch der ständige Vergleich mit anderen, insbesondere mit vermeintlich erfolgreicheren oder talentierteren Personen, kann das Gefühl verstärken, den eigenen Erfolg nicht verdient zu haben. Darüber hinaus neigen Menschen mit einem geringeren Selbstwertgefühl dazu, ihre Erfolge nicht als eigene Leistungen zu internalisieren, sondern als Zufall oder Glück abzutun.

FRAUEN ALS FREMDKÖRPER

Lange Zeit wurde angenommen, dass das Imposter-Syndrom fast ausschließlich bei leistungsstarken, berufstätigen Frauen auftritt. Tatsächlich bestätigen aktuellere Forschungsergebnisse, dass auch Männer betroffen sein können – allerdings lange nicht in dem Ausmaß wie Frauen. Das liegt allein schon an den gesellschaftlichen Erwartungen, die an sie gestellt werden. Stereotype über Frauen und deren Fähigkeiten sorgen unserer Erfahrung nach immer wieder dafür, dass Frauen ihre eigenen Erfolge herunterspielen und das Gefühl haben, nicht wirklich kompetent zu sein. Drängeln sie sich doch mal in die erste Reihe, sind laut und fordernd, werden sie als vorlaut kritisiert, oder ihnen werden Haare auf die Zähne gedichtet.

Vorurteile und Glaubenssätze wie „Frauen sind weniger technisch begabt", „Frauen können sich nicht durchsetzen" oder „Frauen sind zu emotional" können das Imposter-Gefühl weiter verstärken. Vor allem in Bereichen, in denen Frauen unterrepräsentiert sind, fühlen sie sich häufig als Fremdkörper. Ihre Erfolge werden dort möglicherweise weniger sichtbar oder anerkannt, was dazu führen kann, dass die Frauen selbst der Auffassung sind, dass ihre Arbeit und ihre Erfolge weniger oder nichts wert sind. Auch die Angst vor negativem Feedback oder Ablehnung aufgrund von Geschlechtsstereotypen kann dazu führen, dass Frauen ihre eigenen Fähigkeiten infrage stellen und das Gefühl haben, nicht wirklich erfolgreich zu sein. Zudem setzen Frauen sich oft selbst viel zu hohe Standards und fühlen sich verpflichtet, in mehreren Bereichen gleichzeitig auf höchstem Niveau zu performen – sei es im Beruf, als Partnerin, Mutter oder in anderen sozialen Rollen. Dieser Druck kann das Imposter-Gefühl verstärken und zu dem Gefühl führen, nichts richtig zu machen und auf allen Ebenen zu scheitern. Beispielsweise trauen sich Betroffene oft nicht, sich auf höhere Posten zu bewerben oder sich neuen beruflichen Herausforderungen zu stellen – aus Angst, den Erwartungen nicht gerecht werden zu können und zu versagen. Zudem sind uns im beruflichen Kontext bereits des Öfteren Frauen begegnet, die große Schwierigkeiten damit haben, den Wert ihrer Arbeitskraft zu erkennen, ihn adäquat zu bemessen und auch einzufordern. Viele trauen sich beispielsweise nicht, nach einer Gehaltserhöhung zu fragen, obwohl sie ganz objektiv betrachtet gute Gründe hätten, mehr Geld zu verlangen. Sie haben etwa neue, verantwortungsvollere Aufgaben übernommen, lukrative Aufträge für ihren Arbeitgeber an Land gezogen oder durch eine gute Idee zu enormen Einsparungen beigetragen. Viele begründen ihre Scheu damit, dass sie ja schon recht gut verdienen würden, ihnen der Job ja Spaß mache oder sie sich nicht vorstellen können, dass ihre Arbeit so viel Geld wert sein könnte. Andere haben auch Angst davor, gekündigt zu werden, wenn sie nach mehr Geld fragen, oder sich der Lächerlichkeit preiszugeben. „Mein Chef würde mich auslachen", sagte uns etwa eine Frau Ende 40, die an einem unserer Workshops teilnahm. „Er würde mir sagen, dass ich doch froh sein kann, so einen guten Job zu haben." Ganz offensichtlich war auch die Seminarteilnehmerin selbst der Ansicht, dass ihr Chef damit absolut recht hätte. Dass sie bereits seit über 20 Jahren für das Unternehmen tätig, quasi

seine rechte Hand war und er ohne sie vermutlich völlig aufge-
schmissen wäre, war ihr selbst noch nie in den Sinn gekommen.
„Was mache ich denn schon groß, was nicht jede andere auch
machen könnte", lautete ihre eigene Einschätzung zu ihrer Arbeit.
Ein ausgewachsenes Imposter-Syndrom ist das vielleicht nicht,
aber es zeigt doch, dass viele Frauen dazu neigen, zurückzuste-
cken, was ihre Karriere- und Gehaltschancen angeht – und zwar
im Grunde freiwillig, einfach aus der Angst heraus, etwas einzufordern, was sie vermeintlich nicht verdient haben. Damit be-
schneiden sich viele Frauen selbst, lassen berufliche Chancen an
sich vorüberziehen und wundern sich am Ende, dass ein männlicher Kollege, der am gleichen Tag im gleichen Job angefangen
hat, zehn Jahre später ein Vielfaches mehr verdient – einfach,
weil er immer wieder auf der Matte stand und eine Gehaltserhöhung gefordert hat. So erging es zumindest einer anderen Dame
Mitte 50, die uns berichtete, dass sie in all den Jahren in ihrem
Unternehmen nie mehr Geld bekommen habe, ihr männlicher
Kollege aber regelmäßig berücksichtigt worden sei. „Er hat tatsächlich jedes Jahr mehr Geld verlangt", erzählte sie. „Das ist doch
unverschämt, wofür denn, er hat doch gar nicht mehr geleistet",
empörte sie sich. Natürlich kann man ihre Sicht der Dinge nach-
vollziehen, und als Mitarbeiterin ist sie sicherlich ein Traum für
jeden Arbeitgeber – fleißig und bescheiden –, aber sie selbst ist
mit ihrer Zurückhaltung und ihren Ängsten, sich etwas heraus-
zunehmen, das ihr nicht zustehen könnte, auf der Strecke geblieben. Vermutlich sind viele von uns – Männer, aber vor allem
Frauen – genauso erzogen worden: immer schön bescheiden sein,
bitte nicht auffallen oder gar in den Vordergrund drängen. Und
wenn jemand ein Krümelchen hinwirft, schön dankbar sein, bloß
nicht zu viel einfordern, sich bloß nicht blamieren.

AUS DEM NÄHKÄSTCHEN

Ein Fall, der uns bis heute ebenfalls in Erinnerung geblieben ist und der uns noch immer bewegt, ist der
einer jungen Frau, die uns berichtete, dass es ihr extrem
schwerfalle, Rechnungen zu schreiben. Sie war freiberuf-
lich tätig, leistete sehr gute Arbeit und wurde entsprechend gerne gebucht – auch deshalb, weil sie immer
wieder Sonderrabatte einräumte und den Auftragge-
bern preislich entgegenkam. Und zwar ohne dass diese
darum gebeten hatten. Sie erzählte uns, dass es ihr unfassbar peinlich sei, Rechnungen mit hohen Beträgen zu
stellen. Auf unsere Frage, warum ihre Honorare denn so
hoch ausfallen würden, erklärte sie, dass die Aufträge
teilweise sehr zeitaufwendig und arbeitsintensiv gewesen
seien. Wir sagten ihr, dass ihre Rechnungen dann aber
doch absolut legitim seien und nur widerspiegeln würden, was sie auch wirklich geleistet hatte. „Ja, das stimmt
schon", entgegnete sie, „aber ich stelle mir dann immer
vor, dass mir niemand glauben wird, dass ich wirklich so
viel gearbeitet habe. Oder dass man denken könnte, ich
sei besonders langsam. Und dann werde ich nicht mehr
gebucht." Tatsächlich hatte sie noch nie eine derartige
Erfahrung gemacht. Die Annahme, sie könne mit ihrer
hohen Rechnung negativ auffallen, war im Grunde nur
ein Hirngespinst. Anstatt also wahrheitsgemäß Rechnungen für die von ihr geleisteten Stunden zu stellen, ließ
sie entweder Stunden unter den Tisch fallen oder zog
einen Teil des Rechnungsbetrages als Neukunden- oder

Treuerabatt ab – in vorauseilendem Gehorsam! Zudem stellte sie ihre Rechnungen oft erst sehr spät, weil sie sich einfach nicht überwinden konnte, Honorar für ihre Arbeit zu nehmen. Die Konsequenz beider Verhaltensweisen war, dass sie ständig von der Hand in den Mund lebte, oft kein Geld zur Verfügung hatte und dann noch mehr arbeiten musste. Was aus ihr geworden ist, wissen wir leider nicht. Aber wir haben uns von befreundeten unabhängigen Finanzberaterinnen erzählen lassen, dass diese regelmäßig Frauen mit ähnlichen Problemen beraten und es offenbar viele gibt, die das Gefühl mit sich herumschleppen, sie hätten das Geld, das sie für ihre Arbeit bekommen, eigentlich nicht verdient oder könnten froh sein, überhaupt bezahlt zu werden.

WAR ES NUR GLÜCK?

Auch wir kennen natürlich Selbstzweifel. In jüngeren Jahren haben sie uns noch öfter befallen als aktuell. Ein Vorzug des Älterwerdens, wie wir festgestellt haben, ist die mit zunehmenden Lebensjahren steigende Souveränität und die Erkenntnis, dass Zweifel und Selbstzweifel bis zu einem bestimmten Grad okay und manchmal sogar ganz gesund sind, weil sie dafür sorgen, dass man unbekannte Dinge sorgfältiger angeht und das eigene Tun kritisch hinterfragt. Gleichzeitig steigt die Gewissheit, dass alles Erarbeitete und Erreichte absolut verdient ist. Selbst wenn auch Glück im Spiel war, ist dies ja nicht verwerflich. Zudem reicht Glück allein meistens leider nicht aus, sondern muss

71

zumindest kombiniert werden mit Fleiß, Arbeit und Expertise. Bei aller konstruktiven Kritik, die wir uns und unserer Arbeit auch entgegenbringen – schon allein, um uns weiterentwickeln zu können –, ist es uns mit der Zeit einfach auch viel gleichgültiger geworden, was andere Menschen von uns denken, ob jemand unsere Arbeit oder auch unsere Gesichter doof findet und der Meinung ist, wir hätten unseren Erfolg oder unsere Gage nicht verdient. Von einem Imposter-Syndrom sind wir glücklicherweise (mittlerweile) weit entfernt. Und dennoch sind uns die Herausforderungen, die Impostergefühle mit sich bringen können, nicht fremd.

Gerade am Anfang unserer Karriere als Finanzjournalistinnen haben wir beide mit dem einen oder anderen Selbstzweifel zu kämpfen gehabt. Daniela wurde immer wieder gechallenged, was ihre Qualifikationen als Finanzjournalistin anging. Sie hatte, als sie begann, über Finanzen und Investitionen zu schreiben, zwar bereits viele Jahre Berufserfahrung als Journalistin, aber kein Wirtschaftsstudium absolviert. Viele andere in der Redaktion zwar auch nicht, aber ihr wurde es – mal ganz offen, mal zwischen den Zeilen – immer wieder unter die Nase gerieben, sodass sie irgendwann selbst zweifelte, ob sie sich überhaupt zutrauen dürfte, über derartige Themen zu recherchieren und zu berichten. Astrid hingegen hatte dank ihres BWL-Studiums einen Wirtschaftsbackground. Nun könnte man denken: Super, dann ist ja alles tutti.

Aber genau deswegen spürte sie einen großen Druck, alles sofort verstehen und durchschauen zu müssen – schließlich hatte sie im Gegensatz zu vielen anderen in der Redaktion die Thematik ja jahrelang studiert. Dass ein Universitätsstudium meilenweit von der Praxis entfernt war, wusste sie zwar, aber das änderte an ihrer Unsicherheit anfangs nur wenig. Auch fiel es ihr jahrelang schwer, regelmäßig nach einer Gehaltserhöhung zu fragen.

Hunderte Artikel, diverse Auszeichnungen und einiges an Lebenserfahrung später, die Gründung des eigenen Verlags inklusive Finanzmagazins für Frauen auf dem Buckel, und eine große Schippe Gelassenheit, die auch die Rolle als Mütter mit sich bringt, im Gepäck, haben sich diese und andere Selbstzweifel zum Glück weitestgehend verflüchtigt.

Hilfreich dabei ist sicherlich auch, dass wir zu zweit sind, dass wir immer jemanden an unserer Seite haben, die uns spiegelt, die uns ehrliches Feedback gibt, uns unterstützt und unsere Leistungen anerkennt. Wir können uns, wenn doch mal Zweifel aufkommen, stets an die jeweils andere wenden, unsere Sorgen ansprechen und uns im Gespräch darüber klar werden, ob sie begründet oder reine Hirngespinste sind. Das ist ein großes Asset und gleichzeitig auch unsere wichtigste Empfehlung an alle, die unter Imposter leiden.

 **UNSERE TIPPS FÜR DICH**

Sprich über deine Imposter-Gefühle!

Sprecht darüber, macht euch bewusst, dass ihr nicht die Einzigen seid, die immer wieder von Selbstzweifeln zerfressen werden. Holt euch Feedback von jemandem, der oder die euch gut kennt und eure Leistungen ehrlich einschätzt, offen, aber respektvoll mit euch spricht und euch eure Erfolge vor Augen führen kann.

Viele Menschen, die unter Imposter leiden, tun leider genau das Gegenteil, ziehen sich sozial zurück und behalten ihre Ängste für sich, was nicht selten zu Isolation und einer Verstärkung des Imposter-Syndroms führt. Sowohl privat als auch beruflich sind Betroffene mit einer ausgeprägten Angst, als Hochstapler:in enttarnt zu werden, oft im Nachteil. Beziehungen können leiden und die berufliche sowie persönliche Entwicklung behindert werden.

Hol dir professionelle Hilfe!

Vor diesem Hintergrund ist es fast schon polemisch, bezogen auf die eigenen Finanzen den Satz „Ich habe das nicht verdient" als Bullshit abzutun. Denn dahinter steckt ein psychologisches Phänomen, das im schlimmsten Fall schwere Folgen bis hin zu Suizidgedanken mit sich bringen kann.

Wer also das Gefühl hat, an einem Imposter-Syndrom zu leiden, sollte professionelle Hilfe in Erwägung ziehen, um die Entwicklung gesunder Bewältigungsstrategien zu erlernen, negative Auswirkungen zu minimieren und das Selbstvertrauen zu stärken. Professionelle Hilfe, sei es in Form von Psychotherapie oder eines professionellen Coachings, mit einem speziell dafür ausgebildeten Coach, kann effektiv sein, um tiefer in die Ursachen des Imposter-Syndroms einzusteigen und Lösungen zu entwickeln.

Erkenne deine Erfolge!

Abgesehen vom offenen Gespräch mit anderen, vielleicht der Suche nach einem Mentor oder einer Mentorin, ist es grundsätzlich wichtig, auf die eigenen Gedanken zu achten und negative Selbstgespräche zu vermeiden. Du solltest dir bewusst machen, dass es das Imposter-Syndrom gibt. So fällt es dir vielleicht auch leichter, irrational negative Überzeugungen über die eigenen Fähigkeiten und Leistungen zu identifizieren und zu versuchen, sie in ein positives Licht zu rücken. Erkenne deine eigenen Erfolge an, egal, wie groß oder klein sie sein mögen. Führe vielleicht ein Erfolgstagebuch, um dich regelmäßig daran zu erinnern, was du schon alles erreicht hast und was du in deinem tagtäglichen Leben alles Schönes machst und gestaltest.

Erlaube dir Fehler!

Und: Fehler sind okay! Sie sind ein natürlicher Teil jedes Entwicklungsprozesses. Nutze sie als Gelegenheit zum Lernen und Wachsen. Behandle dich selbst mit der Freundlichkeit und dem Mitgefühl, das du auch einer Freundin entgegenbringen würdest. Sei nachsichtig mit dir selbst, wenn Dinge nicht perfekt laufen. Es ist nicht so, dass immer nur du schuld daran bist, wenn etwas falsch läuft. Oft gehören viele Faktoren dazu, nicht selten das äußere Umfeld, das insbesondere für Frauen in der Berufswelt nicht immer ideal ist und viele Herausforderungen mit sich bringt.

Eine kleine Übung zum Schluss:

Nimm dir den Dialog vom Anfang dieses Kapitels noch einmal vor und verwandele ihn in ein positives Gespräch, das du mit dir selbst führst. Bringe darin Dinge unter, die du gut gemacht hast, die du in deinem Leben schon geschafft hast, auf die du stolz sein kannst. Das können schulische, berufliche, aber auch private Erfolge sein. Auch *das Beschäftigen mit den eigenen Finanzen, das Erziehen eines Kindes, das Meistern einer unschönen Scheidung, das Besiegen einer Krankheit, das Überkommen einer längeren Arbeitslosigkeit und viele weitere Herausforderungen, die das Leben mit sich bringen kann, können dazu zählen. Hier ein kleines Beispiel:*

Du: Ich wünsche mir so sehr, erfolgreich zu sein und Anerkennung zu bekommen.

Jemand anderes: Du bist doch schon sehr erfolgreich. Du hast zum Beispiel einen tollen Schul-/Uniabschluss geschafft und eine Arbeit gefunden, die dich erfüllt.

Du: Stimmt. Aber ich würde gerne noch mal etwas Neues ausprobieren und weiterkommen.

Jemand anderes: Warum tust du es dann nicht? Dir stehen alle Möglichkeiten offen. Du bist intelligent, empathisch, gut organisiert, kannst dich schnell in neue Aufgaben einarbeiten.

Du: Ja, ich habe gute Voraussetzungen, die mir helfen.

Jemand anderes: Zudem hast du etwas Geld gespart und einen Notgroschen aufgebaut. Dir kann also auch finanziell nichts passieren.

Du: Ich werde gleich morgen alles vorbereiten, um mich auf eine neue Stelle zu bewerben. Aber was ist, wenn ich scheitere?

Jemand anderes: Auch Scheitern gehört zum Leben dazu. Aber es kommt doch letztlich darauf an, dass du es versucht hast. Darauf kannst du in jedem Fall stolz sein.

Du: Schon loszugehen und sich zu trauen ist ein toller Erfolg. Ich habe es wirklich verdient, mich weiterzuentwickeln und Dinge in meinem Leben zu tun, die mir Freude machen.

Jemand anderes: Und dein Mut wird sich ganz sicher auch finanziell auszahlen.

Du: Ja, davon bin ich überzeugt. Ich werde mein Gehalt neu verhandeln und einen Teil davon investieren, damit ich auch im Ruhestand das Leben leben kann, das ich mir wünsche.

„GELD VERDIRBT DEN CHARAKTER"

Für Millionen Menschen weltweit war er ein Vorbild, eine Quelle der Inspiration: Apple-Gründer Steve Jobs. Der 2011 verstorbene Unternehmer prägte mit seinen zukunftsweisenden Visionen die Techszene, ja, im Grunde die Menschheit. Selbst im hintersten Winkel der Erde kennt man Apple, die wohl einflussreichste Technologiefirma und das zeitweise wertvollste Unternehmen der Welt. Ob man es nun fantastisch oder furchtbar findet: Jobs' Innovationen haben unser Leben und unsere Gewohnheiten geprägt und revolutioniert. In den Listen der reichsten, mächtigsten und einflussreichsten Menschen war er zu Lebzeiten stets ganz vorne mit dabei. Sein Vermögen wurde kurz vor seinem Tod auf mehr als zehn Milliarden Dollar geschätzt. Kein Wunder also, dass Unzählige seinem Managementgeschick und seiner Geschäftstüchtigkeit bis heute nacheifern.

Idol und Egomane

Das ist die eine Seite von Steve Jobs – die visionäre, schillernde, bewundernswerte. Doch Jobs war nicht nur der charismatische Unternehmer mit genialen Ideen. Viele der Menschen, die mit ihm arbeiteten, lernten auch seine andere Seite kennen – die eines „Arschlochs", wie Walter Isaacson in seiner Biografie *Steve Jobs* schreibt. Das Wirtschaftsmagazin *Fortune* betitelte Jobs einst als einen der „führenden Egomanen des Silicon Valley". Carol Lee Sculley, die Ehefrau von John Scully, der Apple zwischen 1983 und 1993 als CEO führte und später von Jobs' Freund zu seinem Feind wurde, sparte ebenfalls nicht mit scharfer Kritik, als sie zu ihm sagte: „Wenn ich dir in die Augen blicke, sehe ich einen bodenlosen Abgrund, ein schwarzes Loch, Leere."

Moral und Anstand – so scheint es – waren Steve Jobs nicht in allen, aber in manchen Lebenslagen fremd. Er lebte und agierte nach seinen eigenen Gesetzen, nach seinen eigenen ethischen Werten, und war vielleicht gerade deshalb so erfolgreich. Nach außen, so werfen es Kritiker:innen ihm vor, sah man die smarte Selbstinszenierung eines Narzissten, der Mitarbeitende hinter geschlossenen Türen regelmäßig als „fucking dickless assholes" oder ähnlich beschimpfte, eiskalt Ideen klaute oder kopierte und für seinen Jähzorn gefürchtet war.

Klar, könnte man da schnell denken, Geld verdirbt eben den Charakter. Die Idee, dass Reichtum – egal, ob schon lange vorhanden oder frisch verdient – Menschen in egoistische Roboter verwandelt, ist schließlich weit verbreitet. Geschichten von maßloser Gier, die Hand in Hand geht mit der Ethik eines hungrigen Hyänenrudels, gibt es zuhauf. Steve Jobs ist da noch eines der harmloseren Bei-spiele, wenn man bedenkt, wer bis 2021 Präsident der USA war.

REICH GLEICH RAFFGIERIG?

Reiche Menschen gelten vielen als unmoralisch und egoistisch, denn wie hätten sie es sonst geschafft, so viel Geld anzuhäufen? Entweder man hat geerbt, musste also noch nie auch nur einen Finger für seine Reichtümer krumm machen und weiß den wahren Wert harter Arbeit nicht im Entferntesten zu schätzen, oder man schafft es von selbst, dann aber nur auf dem Rücken anderer, mit unlauteren, wenn nicht gar kriminellen Mitteln – so die Vorurteile. Klar, dass man nicht mit derartigen Charakteren in einen Topf geworfen werden möchte. Niemand will als fauler oder skrupelloser Fiesling gelten, oder sagen wir: die wenigsten. In einigen Kreisen gilt das Image des erfolgreichen, aber unerbittlichen reichen Arschlochs sicherlich als cool und erstrebenswert. Genie und Wahnsinn, Genialität und Zorn, Ideenreichtum und schlechte Manieren gehören zusammen. Wer beruflich genial ist, wer reich ist, darf sich anderen gegenüber benehmen, wie es ihm passt. Er oder auch sie kann es sich – im wahrsten Sinne des Wortes – leisten. So beispielsweise auch der aktuell reichste Mensch der Welt, Elon Musk, der sich gerne inszeniert, als könne er auf Wasser gehen. Die einen finden das verehrenswert, die anderen einfach nur abstoßend.

Wie schon gesagt, die wenigsten Menschen möchten dahingehend auffallen – schon gar nicht negativ. Sie wollen nicht als vermeintliche Kapitalistenschweine oder reiche Egozentriker:innen am Pranger stehen oder auf ihren Reichtum reduziert werden. Und sich auch nicht für ihren Reichtum rechtfertigen müssen. Darum verschweigen viele ihr Geld, ihre Immobilien und andere Besitztümer. Der im Einstiegskapitel diskutierte Satz „Über Geld spricht man nicht" findet in diesem Kontext gerne

Anwendung. Denn die Furcht, aufgrund seines Vermögens als schlechter Mensch abgestempelt zu werden, scheint nicht ganz aus der Luft gegriffen, wenn man sich die Studienlage ansieht. Tatsächlich haben US-Forschende in Experimenten herausgefunden, dass Reiche unehrlicher sind als Menschen, die weniger Geld besitzen.[5] So verhielten sich diese im Straßenverkehr unfairer, betrogen ihre Mitspieler:innen häufiger in einem Wettbewerb, bei dem man Geld gewinnen konnte, und futterten sogar Kindern bei einem Experiment die Süßigkeiten weg. Kurzum: Die Gier war größer als die Moral! Und Gier gilt seit jeher als wesentlicher Faktor für unethisches Verhalten. Schon die antiken Philosophen Platon und Aristoteles sahen in ihr die Wurzel der persönlichen Unmoral und argumentierten, dass Gier das Verlangen nach materiellem Gewinn auf Kosten ethischer Normen antreibt. Gier führt dazu, dass sich Menschen weniger Gedanken darüber machen, wie sich das eigene Verhalten auf ihre Mitmenschen auswirkt, und motiviert zu häufigerem unethischen Handeln – vor allem dann, wenn es vom Umfeld geduldet, ja, womöglich sogar bewundert und auch als Antrieb für Großtaten gesehen wird.

Forscher:innen gingen daher der Frage nach, ob Angehörige höherer sozialer Schichten womöglich deshalb tendenziell unmoralischer agierten, weil es in ihrem Umfeld als weniger verwerflich angesehen wird, eine gewisse Gier an den Tag zu legen. Übertrieben gesagt: Wo andere noch mit ihren negativen Glaubenssätzen kämpfen und es darum nicht schaffen, ihr Geld sinnvoll anzulegen, haben diese Menschen positive Glaubenssätze bereits verinnerlicht und glauben daran, dass diese (ihren) Erfolg erst möglich gemacht haben. Die These wird dadurch gestützt, dass die Proband:innen in einem Experiment zunächst drei positive Eigenschaften von Gier aufzählen sollten. Die Wahrnehmung der Proband:innen wurde damit ins Positive verschoben. In einem anschließenden weiteren Teil des Experiments verhielten sie sich deutlich unfairer und eigennütziger als zuvor. „Das lässt vermuten, dass Individuen höherer und niedrigerer Schichten sich nicht unbedingt in ihrer Fähigkeit unterscheiden, sich unethisch zu benehmen, sondern vielmehr in ihrer Tendenz, dies auch zu tun", heißt es in der Studie. [6]

VERMÖGEN VERPFLICHTET

Geld an und für sich ist also nicht die Ursache allen Übels, es verdirbt auch nicht per se den Charakter. Aber es bringt zum Vorschein oder verstärkt, was an Charakterzügen bereits vorhanden ist – im Guten wie im Schlechten sowie in Abhängigkeit von den Menschen, mit denen man sich umgibt, dem jeweiligen sozialen Umfeld und den Regeln und Werten, die dort gelten. Wenn jemand bereits großzügig und fürsorglich ist, kann Wohlstand dazu führen, dass diese Person ihre Großzügigkeit in philanthropischen Bemühungen ausdrückt – vor allem dann, wenn das Umfeld dies vielleicht auch tut. Umgekehrt könnte Geld eine egoistische oder rücksichtslose Person dazu verleiten, diese Eigenschaften auszuleben – verstärkt durch ein Umfeld, das womöglich ähnlich tickt, oder ein Gefühl von Überheblichkeit, bei dem der reichen Person der eigene Erfolg oder der geerbte Reichtum zu Kopf gestiegen ist.

Dies hängt jedoch nicht zwingend mit der sozialen Schicht zusammen. Es gibt unglaublich viele Beispiele von wohlhabenden Menschen, die ihr Geld sinnvoll nutzen, oft eine soziale Verantwortung gegenüber der Gesellschaft zu tragen bereit sind und sich vom Wunsch, etwas vom eigenen Glück und Geld zurückgeben zu wollen, leiten lassen. Viele von ihnen setzen sich aktiv dafür ein, positive Veränderungen in der Welt herbeizuführen, und unterstützen humanitäre Projekte mit großzügigen Spenden oder auch regelmäßig über ihre Stiftungen. Zahlreiche Projekte und Hilfsaktionen weltweit könnten ohne die privaten Gelder reicher Menschen gar nicht durchgeführt werden.

Für das freiwillige Engagement wohlhabender Einzelpersonen oder Organisationen gibt es sogar eine Bezeichnung: Philanthropie. Das Ziel der Philanthrop:innen ist es, sozialen Wandel zu fördern und das Gemeinwohl zu unterstützen. Im Gegensatz zum Mäzenatentum, das Kunst und Kultur fördert, umfasst die Philanthropie ein breites Spektrum sozialer, ökologischer und gesundheitsbezogener Anliegen und hat historische Wurzeln in verschiedenen Kulturen. Schon in der Antike kümmerten sich reiche Bürger um Bedürftige. Während des 19. Jahrhunderts verstärkte sich das philanthropische Engagement von wohlhabenden Individuen, die sich für soziale Reformen und die Verbesserung der Lebensbedingungen der Armen einsetzten. Zu dieser Zeit wurden auch die ersten Wohltätigkeitsorganisationen und philanthropischen Stiftungen gegründet. Im 20. Jahrhundert weiteten sich die philanthropischen Bemühungen auf globaler Ebene aus und erreichten einen Höhepunkt im neuen Jahrtausend, als die Milliardäre Warren Buffett und Bill Gates gemeinsam die Initiative „The Giving Pledge" ins Leben riefen, eine Bewegung von reichen Philanthrop:innen, die sich öffentlich verpflichteten, den Großteil ihres Vermögens zu Lebzeiten oder testamentarisch für wohltätige Zwecke zu spenden. Mit Bill und Melinda Gates sowie Warren Buffet haben bereits 242 Superreiche aus 29 Ländern bei „The Giving Pledge" unterschrieben, darunter bekannte

Unternehmer:innen wie Sara Blakely, Hasso Plattner, Michael Bloomberg, Sheryl Sandberg, Jeff und Marieke Rothschild, David Rockefeller, Ted Turner oder Mark Zuckerberg. Sogar der aktuell kontroverseste Unternehmer der Welt und Egomane Elon Musk, den viele wohl mit Fug und Recht als „reiches Arschloch" bezeichnen würden, hat unterzeichnet. Sie alle engagieren sich bereits für soziale Projekte, besitzen Stiftungen oder haben Teile ihres Vermögens an gemeinnützige Organisationen, Universitäten, Krankenhäuser oder auch Teile ihres Unternehmens an ihre Mitarbeitenden verschenkt. Bestes Beispiel für philanthropisches Handeln ist wohl der am 9. Oktober 2023 verstorbene Charles Francis „Chuck" Feeney. Der US-Unternehmer, der aus einfachen Verhältnissen stammte und sich seinen Reichtum selbst erarbeitete, verschenkte sein gesamtes Vermögen, seine Häuser, Limousinen und Jachten bereits zu Lebzeiten zwischen 1982 und 2016 – insgesamt acht Milliarden US-Dollar. Er selbst zog gemeinsam mit seiner Frau in eine kleine Mietwohnung, flog Economy und nahm den Bus. Für seine fünf erwachsenen Kinder traf er „anständige, aber nicht übertriebene Vorkehrungen", wie es in einem Nachruf der New York Times hieß.[7] Dort wird auch beschrieben, welche großen Anstrengungen er unternahm, um seine Wohltätigkeit zu verbergen. „Im Gegensatz zu Philanthropen, deren Namen bekannt gemacht, bei Banketten gefeiert und auf Gebäudefassaden und Museumsflügeln prangen, spendete Chuck Feeney anonym." In seiner Biografie The Billionaire Who Wasn't schrieb Conor O'Clery, dass Feeney zu der Ansicht gelangte, dass er kein Recht habe, so viel Geld ganz allein zu besitzen.

GELD, GIER & GROSSZÜGIGKEIT

Auch hierzulande gibt es immer wieder Beispiele von vermögenden Menschen, die ihren Reichtum der Gesellschaft zur Verfügung stellen wollen, insbesondere von jenen, die ihr Vermögen geerbt und aus ihrer Sicht völlig ungerechtfertigt erhalten haben. Der Initiative „taxmenow" – also: besteuert mich jetzt – gehören ein paar Dutzend Wohlhabende an, unter anderem Peter Reese, der durch den Verkauf von Verivox reich wurde. Er fordert gemeinsam mit seinen Mitstreiter:innen höhere Steuern für Superreiche und argumentiert, dass der Staat sich dadurch mindestens 80 Milliarden Euro von den Reichsten der Gesellschaft zurückholen und diese beispielsweise in Schulen stecken könne. [8]

Geld und Gier können vor diesem Hintergrund also doch nicht immer in einen Topf geschmissen werden. Vielleicht hilft es, Geld von den Handlungen eines Individuums zu trennen. Es gibt die Menschen, die sich frei von Moral durchs Leben mogeln – mit viel oder auch mit wenig Geld. Es gibt Menschen, die ihr Handeln auf Nächstenliebe und Empathie aufbauen, die geben, was sie können, ob es nun zehn Euro oder Zigtausende sind – oft völlig ungesehen von der Welt. Es gibt die Donald Trumps dieser Welt, die ihr Geld und ihre Macht missbrauchen, die überzeugt davon sind, sich alles kaufen und alles leisten zu können – auch im übertragenen Sinne. Und es gibt Reiche, die ihr Geld nutzen, um damit anderen zu helfen, die eine Verantwortung verspüren, ihr Geld sinnvoll einzusetzen. Wer weiß schon, wie diese Menschen wären, wenn sie kein Geld hätten. Wäre Trump ohne seine geerbten Millionen ein netter, mitfühlender Typ, oder würde er sich als Kleinkrimineller durchschlagen und den Frauen eben in irgendwelchen Dorfdiscos „an die Muschi fassen"? Und was ist mit Bill Gates, Warren Buffett und all den anderen Milliardär:innen, die sich zum Spenden ihres Vermögens verpflichtet haben – wären sie weniger freigiebig und hilfsbereit, wenn sie nicht im Geld schwimmen würden? Oder würden sie von ihrem kleinen Monatslohn als Krankenpfleger, Kassiererin oder Bauarbeiter dem Bettler am Straßenrand noch zwei, drei Euro abgeben?

GELD SELBST HAT KEINE MORALISCHE QUALITÄT, ES SAGT NICHTS ÜBER UNSEREN EIGENEN WERT AUS, ES IST IN SICH NICHT GUT ODER SCHLECHT.

Schwer zu sagen. Charakterbildung ist ein sehr komplexer Prozess, der von vielen Faktoren beeinflusst wird, darunter Erziehung, persönliche Erfahrungen, moralische oder religiöse Überzeugungen sowie genetische Voraussetzungen. Die Verbindung zwischen

Geld, Charakter und Verhalten ist also nicht vorgezeichnet und auf keinen Fall in einer pauschalisierten Aussage zu erfassen. Für uns steht daher fest: Geld ist, was du selbst daraus machst. Denn Geld selbst hat keine moralische Qualität, es sagt nichts über unseren eigenen Wert aus, es ist in sich nicht gut oder schlecht, sondern vielmehr ein Werkzeug, das von Menschen auf unterschiedliche Art und Weise genutzt wird. Du entscheidest, welche Qualität und welchen Wert es in deinem Leben annimmt. Auch wir kennen Fälle maßlosen Konsumrauschs und wundern uns auch in unserer direkten Umgebung immer mal wieder darüber, wie – aus unserer Sicht sinnfrei – manche ihr Geld komplett verschleudern oder umgekehrt geizig horten und – obwohl sie ein großes Vermögen haben – nicht im Traum daran denken würden, es zu teilen. „Mir hat auch niemand etwas geschenkt" oder „Warum sollte ich von meinem hart erarbeiteten Geld etwas abgeben?" sind Aussagen, die uns schon das eine oder andere Mal untergekommen sind. Gleichzeitig werden wir bei Spendenaktionen, die wir veranstalten, immer wieder von zahlreichen Menschen unterstützt, die sehr großzügig zu geben bereit sind, um anderen zu helfen. In beiden Fällen würden wir aus persönlicher Erfahrung unterschreiben, dass es eher eine Charakter- als eine Geldfrage ist, ob eine Person empathisch und hilfsbereit ist oder eben nicht.

AUS DEM NÄHKÄSTCHEN

In unserer Community werden wir sehr oft gefragt, welche Rolle Geld für uns und unser Leben spielt. Die Antwort fällt uns tatsächlich recht leicht: Geld ist für uns ein Tausch- und Gestaltungsmittel. Wir tauschen unsere Zeit, unsere Arbeitskraft, unsere Ideen und die Bereitschaft, Verantwortung zu übernehmen, gegen Geld. Und wir nutzen Geld, um zu gestalten – unser eigenes Leben, aber auch unsere nahe und ferne Umgebung. Klar freuen wir uns, wenn wir genug Geld haben, um ein möglichst angenehmes Leben zu führen. Wir leisten uns gerne gutes Essen, hochwertige Kleidung, schöne Reisen und Unterstützung im Haushalt. Gleichzeitig finden wir es für uns persönlich, aber auch insgesamt wichtig, die eigenen Ressourcen zu nutzen, um anderen zu helfen. Wir spenden regelmäßig für Projekte und Menschen, die uns wichtig sind, und haben das schon immer getan, auch als Studentinnen mit ganz kleinen Summen. Daniela verwendet einen Großteil ihres Engagements für die Mobile Hilfe Madagaskar, die ein Krankenhaus betreibt, sowie für das Kinderheim Catja, ebenfalls in Madagaskar, für die sie Geld- und Sachspenden sammelt. Zudem unterstützt sie Schüler:innen vor Ort, übernimmt deren Schul- und Lebensmittelkosten und betreut andere Pat:innen, die dasselbe tun. Astrid hat finanziell über eine Hilfsorganisation lange eine afghanische Frau unterstützt, bis sich die NGO leider aus Afghanistan zurückziehen musste. Sie war ehrenamtliche Schöffin am Amtsgericht und engagiert sich zudem seit vielen Jahren bei der Deutschen Kinderkrebsstiftung, wo sie mittlerweile im Vorstand aktiv ist. Die Themen, in denen wir uns jeweils engagieren, sind also ganz verschieden – uns eint jedoch die Motivation, etwas von dem großen Glück, das uns zuteilwurde, zurückzugeben. Wir machen und erzählen das nicht, um uns damit auf einen Sockel zu stellen, sondern weil es

sehr erfüllend ist, zu helfen, zu spenden, zu unterstützen –
egal, ob mit großem oder kleinem Budget.

 UNSERE TIPPS FÜR DICH

*Ganz grundsätzlich sind wir der Meinung, dass wir aufhören sollten,
Menschen nach ihrem Kontostand zu bewerten. Denn dieser sagt
wenig über ihre persönlichen Qualitäten aus. Man sollte sich weder
für ein Mini- noch für ein Maxieinkommen schämen müssen, Hohn
oder Missgunst ausgesetzt sein. Jeder Mensch hat unabhängig vom
Geldbeutel einen intrinsischen Wert, der über finanzielle Kennzahlen
weit hinausgeht.*

*Fest steht aber: Die Fähigkeit, empathisch zu sein, wird nicht
durch den Kontostand definiert, zumal sich die eigene finanzielle
Situation im Laufe des Lebens erheblich verändern kann – sowohl in
Richtung mehr als auch weniger. Ausgehend von unserem Glaubenssatz „Geld verdirbt den Charakter" müsste sich das moralische Verhalten
vieler Menschen im Laufe ihres Lebens, mit steigendem oder fallendem
Vermögen, ständig verändern und zu einem extrem wankelmütigen
Wesen führen. Es mag reiche Menschen geben, die nur deshalb reich
geworden sind, weil sie gierig sind und durch ihr rücksichtsloses Verhalten zu Geld und Macht gelangt sind. Oder verzogene Erb:innen,
die nie in ihrem Leben einen Finger krumm machen mussten. Oder
Lottogewinner:innen, die alles verschleudern, ohne einen Gedanken
an das Gemeinwohl zu verschwenden. Aber mindestens genauso viele
Beispiele, wenn nicht mehr, findet man für wohlhabende Menschen,
die ihr Geld gerne teilen.*

DEIN BEITRAG ZÄHLT

Du hast es selbst in der Hand, welche Auswirkungen dein Handeln und insbesondere dein Umgang mit Geld auf dich und deine Umwelt haben:

Im Unternehmen

Wenn du ein Unternehmen führst oder in einer Führungsposition arbeitest, achte darauf, dass dein Geschäft ethischen Standards entspricht. Vermeide unlautere Praktiken und setze auf Transparenz, Fairness und soziale Verantwortung. Überlege dir, ob du einen Teil der Unternehmensgewinne spenden kannst und damit einen echten Unterschied machst. Es gibt immer mehr Start-ups und auch große Unternehmen, die sich das Teilen des Jahresgewinns auf die Fahnen geschrieben haben, die NGOs, soziale Einrichtungen oder auch ihre Mitarbeitenden beteiligen. Auch als Arbeitnehmerin hast du die Möglichkeit, in deinem Team soziale Standards zu hinterfragen und Neuerungen anzuregen.

An der Börse

Beim Investieren an der Börse und dem Aufbau deines Vermögens und deiner Altersvorsorge hast du viel Spielraum – egal, ob du einzelne Aktien oder ganze Investmentkörbe in Form von Fonds oder ETFs kaufst. Achte darauf, wie und wo du dein Geld investierst. Wähle Investitionen, die deinen persönlichen Werten entsprechen und die im besten Fall sogar positive soziale oder umweltbezogene Auswirkungen haben. Es gibt zunehmend Möglichkeiten für ethische und nachhaltige Investitionen – beispielsweise über „Impact Investing", zu Deutsch: wirkungsorientiertes Investieren. Das bezeichnet eine Anlagestrategie, bei der Investitionen nicht nur nach finanziellen Renditekriterien bewertet werden, sondern auch hinsichtlich ihres sozialen und ökologischen Einflusses. Nachhaltige ETFs erkennst du zum Beispiel an zertifizierten Ökosiegeln oder den Kürzeln SRI

(Social Responsible Investment) oder ESG (Environmental, Social, Governance), die allesamt für einen guten Umgang mit der Umwelt, der Gesellschaft und den Mitarbeitenden stehen.

Beim Shoppen und Konsumieren

Überlege dir, wie und wo du dein Geld ausgibst. Entscheide dich für Produkte und Dienstleistungen von Unternehmen, die soziale und umweltfreundliche Praktiken unterstützen, die einen Teil ihres Gewinns spenden oder die neben Gewinnmaximierung auch einen Impact anstreben. Ein persönliches Beispiel, von dem wir dir berichten können, ist Sara Nuru, die wir bereits seit 2019 als inspirierende Gründerin mit Impact kennen. Sie gründete nicht nur das Kaffeeunternehmen „nuruCoffee", sondern gleichzeitig den Verein „nuruWomen". 50 Prozent des Gewinns von nuruCoffee und mindestens ein Euro je verkauftem Kilo Kaffee fließen in die Arbeit des Vereins, der die finanzielle Selbstbestimmung von Frauen, ihre Gesundheitsversorgung sowie Notprojekte in Äthiopien finanziert. Saras Unternehmen ist dabei nur eins von vielen, die den Impact-Gedanken mittlerweile fest in ihr Geschäftsmodell integriert haben. So greift die Berliner Modedesignerin Ann-Kathrin Carstensen diesen Gedanken in ihrem Unternehmen „Rita in Palma", mit dem sie hochwertige und sehr feine Häkelarbeiten produziert, ebenfalls auf: Statt die Stücke maschinell herzustellen, engagiert sie Arbeitskräfte, die mangels Ausbildung und Sprachkenntnissen auf dem ersten Arbeitsmarkt keine Chancen hätten, im Unternehmen von Ann-Katrin aber aufblühen – auch dank des an das Unternehmen angeschlossenen Vereins „Von Meisterhand e. V.", der den Frauen (und anderen Menschen aus dem Kiez in Berlin-Neukölln) beim Deutschlernen oder Behördengängen hilft. Ein weiteres tolles Beispiel ist die Gründerin Zarah Bruhn, die 2015 das Start-up „socialbee" als gGmbH gegründet hat mit dem Ziel, geflüchteten

Menschen einen Einstieg in den deutschen Arbeitsmarkt zu verschaffen. Die Geflüchteten werden mit Qualifizierungsprojekten aufgebaut – und interessierte Unternehmen in Sachen Diversity geschult, um sich optimal auf ihre künftigen Mitarbeitenden vorzubereiten. Solche tollen Ideen gibt es immer häufiger, und als Konsumentin hast du über deine täglichen Kaufentscheidungen einen riesigen Einfluss darauf, was Unternehmen auf den Markt bringen oder auch nicht mehr anbieten. Du kannst dadurch selbst große Konzerne zu einem verantwortungsbewussteren Handeln anregen.

Beim Investieren in dich

Investiere in deine eigene Bildung und persönliche Entwicklung. Eine gut ausgebildete und kompetente Person hat oft bessere Chancen, berufliche Erfolge zu erreichen. Dies ermöglicht es dir, zu Wohlstand zu gelangen, und zwar auf ethische Weise. Gleichzeitig kannst du persönlich wachsen.

Beim Netzwerken

Auch dein Umfeld spielt eine wichtige Rolle. Bau dir ein Netzwerk von Gleichgesinnten auf, die ähnliche Werte teilen wie du. Such dir Rolemodels, die nicht nur wertvolle Waren, sondern auch wahre Werte vermitteln, und sei selbst eine Inspiration und ein Rolemodel für andere.

Großzügigkeit gewinnt!

Last but not least kannst du dein Geld natürlich nutzen, um Gutes in der Welt zu bewirken. Engagiere dich in gemeinnützigen Aktivitäten, unterstütze wohltätige Organisationen oder gründe selbst eine Stiftung. Der Austausch von Ideen und Ressourcen mit Menschen, die sich für ethisches Handeln und soziales Engagement interessieren – und ebenfalls gewillt sind, ihren Wohlstand einzubringen –, kann einen positiven Einfluss auf die Gesellschaft haben.

Um zum Anfang unseres Kapitels zurückzukehren: Steve Jobs mag kein allzu liebenswerter Mensch gewesen sein, zumindest nicht außerhalb seiner Familie. Persönlich beurteilen können wir das nicht. Und dass die umfassende und globale Digitalisierung nicht nur positive Konsequenzen mit sich bringt, ist uns auch klar. Fest steht aber: Er hat ein Unternehmen geschaffen, das Millionen Menschen weltweit Arbeit gibt – ob sie nun direkt bei Apple in der Entwicklung, im Apple-Store als Verkäufer:in oder in ihrem eigenen Reparaturshop für Smartphones und Tablets arbeiten. Und er hat seiner Witwe, Laurene Powell Jobs, ein riesiges Vermögen von weit über 20 Milliarden US-Dollar hinterlassen. Sie hat „The Giving Pledge" zwar nicht unterschrieben, verkündete aber 2020 in einem Zeitungsinterview mit der *New York Times*, dass sie ihr Vermögen nicht an ihre Kinder vererben, sondern das Geld für wohltätige Zwecke spenden werde. Kurzum: Nach Geld zu streben und auch Reichtum anzuhäufen ist an und für sich nicht negativ, solange dies auf ethische und verantwortungsbewusste Weise geschieht. Und selbst Menschen, die vielleicht nicht direkt eine philanthropische Ader mitbringen, können auf die eine oder andere Weise Gutes mit ihrem Reichtum bewirken.

„ICH KANN EINFACH NICHT GUT MIT GELD UMGEHEN"

Hast du dir auch schon einmal etwas gekauft, das du nicht wirklich gebraucht hast und dir vielleicht auch gar nicht leisten konntest? Dann geht es dir wie vielen Deutschen. Beim idealo Sparreport 2023 [9] gaben 45 Prozent der Befragten an, dass sie sich Dinge kaufen würden, für die sie eigentlich kein Geld haben. Der Unterschied zwischen den Generationen ist dabei sehr groß. Während nur 33 Prozent der Babyboomer-Generation aussagen, sich ab und an etwas zu kaufen, das sie sich im Grunde nicht leisten können, waren es bei der Gen Z – also den zwischen den Jahren 1995 und 2010 Geborenen – 60 Prozent, fast doppelt so viele. Das soll keine Entschuldigung oder gar Ermutigung dafür sein, dass du selbst jetzt auch munter drauflosshoppen sollst, ohne das nötige Kleingeld dafür in der Tasche zu haben – nur, weil es scheinbar alle machen. Im Gegenteil. Wir sind über diese Zahlen ebenso schockiert wie über Social-Media-Trends, die genau dazu ermutigen, zum Beispiel #KlarnaSchulden. Bei dieser „Challenge" messen sich junge Erwachsene der Generation Z anhand der Höhe ihrer Schulden. Gewonnen hat nicht etwa die Person, die am wenigsten oder gar keine Konsumschulden hat, was aus unserer Sicht das wünschenswerte Ziel sein sollte, sondern diejenige mit dem höchsten Schuldenstand. Mal abgesehen davon, dass es äußerst fragwürdig ist, das eigene Ego ausgerechnet mit Schulden zu pushen, ist so eine Challenge langfristig auch einfach gefährlich. Aus dem bequemen Zahlungsaufschub „Kaufe jetzt, zahle später" kann der Beginn einer handfesten, oft langjährigen Verschuldung werden, aus der man womöglich nicht mehr herauskommt, zumindest nicht ohne fremde Hilfe und oft jahrelangen Verzicht, um die vielleicht einst aus einer Laune heraus gemachten Schulden nach und nach abzustottern.

---

hatte. Sie überredete ihren Vater, ihr die Summe zu leihen, und versprach hoch und heilig, sie schnellstmöglich zurückzuzahlen. Nur wovon eigentlich? Darüber hatte sie nicht nachgedacht. Ihr Taschengeld betrug 50 D-Mark pro Monat. Neben der Schule kellnerte und babysittete sie ab und an und verdiente so monatlich insgesamt etwa 150 D-Mark. Geld, das sie für ihren jugendlichen Lebensstil längst verplant hatte – fürs Ausgehen, Freundetreffen, Shoppen. Eigentlich blieb nichts übrig, um die Schulden bei ihrem Vater zu begleichen. Aber versprochen ist versprochen. 50 D-Mark setzte sie sich als monatliches Tilgungsziel, satte 20 Monate lang. Doch der Plan ging nicht auf. Mal waren es auch nur 30 D-Mark, die sie zurückgeben konnte. Ein gefühlt sehr, sehr langes Jahr später hatte sie 500 D-Mark – also gerade einmal die Hälfte – zurückgezahlt. Und sie musste nicht einmal Zinsen einkalkulieren, etwas, das viele, die sich Geld in Form eines Konsumkredits leihen, nicht bedenken. Denn die Zinssätze für Privatkredite sind durchaus üppig – aktuell (Stand Januar 2024) liegen sie bei rund acht Prozent. Die schicken Schuhe, die neue Küche oder eine schöne Reise werden so um einiges teurer.

Rechenbeispiel gefällig? Nimmst du einen Kredit von 5 000 Euro auf zu einem Zinssatz von acht Prozent und zahlst fortan jeden Monat 100 Euro zurück, dann brauchst du fünf Jahre und vier Monate, um die Schulden loszuwerden – und hast neben den 5 000 Euro zusätzlich 1 322 Euro Zinsen berappen müssen.

Daniela hatte dahingehend jedenfalls doppeltes Glück. Denn erstens musste sie keine Zinsen zahlen, und zweitens erließ ihr Vater ihr die restlichen 500 Euro nach einem für eine 17-Jährige entbehrungs- und lehrreichen Jahr. Tatsächlich hat sie seither nie wieder ihren Dispo überzogen oder sich irgendetwas gekauft, das sie sich nicht leisten konnte.

NOCH SO VIEL MONAT AM ENDE VOM GELD

In unseren Workshops treffen wir immer wieder Frauen, die Schulden gemacht haben, die sie nun teils über Jahrzehnte abstottern. Um alte Schulden zu begleichen, nehmen sie manchmal neue auf und geraten auf diese Weise in einen richtigen Schuldenstrudel. Die lapidare Erklärung so oft: „Ich kann leider einfach nicht mit Geld umgehen."

Aus eigener Erfahrung wissen wir, dass jeder Mensch einen guten Umgang mit Geld lernen und an dem eigenen Money Mindset arbeiten kann. Für uns ist der Glaubenssatz „Ich kann einfach nicht mit Geld umgehen" vor allem eins: eine Ausrede dafür, dass man einen guten Umgang gar nicht lernen möchte – zu kompliziert, zu aufwendig und zu weit außerhalb der eigenen Komfortzone, wie auch das Beispiel von unserer Freundin Luisa zeigt: Vergangenen Sommer trafen wir uns mit ihr in Berlin-Mitte. Schräg gegenüber von dem Café, in dem wir saßen, war ein Schuhladen, ein sehr teurer Schuhladen. „Ich war da vorhin kurz drin", erzählte Luisa, und ihr Blick schweifte sehnsuchtsvoll zum Schaufenster. „Da gibt es ein Paar wunderschöne Pumps, die perfekt zu meinem Kleid für die Hochzeit passen würden, zu der ich nächstes Wochenende gehe." Sie seufzte. „Warum kaufst du sie dir dann nicht einfach?", fragte Astrid. „Sie kosten 300 Euro", gab Luisa zurück, „das kann ich mir beim besten Willen nicht leisten." Zugegeben, 300 Euro ist ein Haufen Geld, den man nicht einfach so zum Fenster rauswerfen sollte. Aber Luisa ist eine erfolgreiche Ärztin mit sehr gutem Einkommen. Wir waren entsprechend verwundert über ihre Aussage, zumal wir wussten, dass sie sonst auch kein Kind von Traurigkeit ist, was Mode angeht. „Findest du, dass die Schuhe zu teuer sind?", fragte Daniela nach. „Für mich gerade schon", gab Luisa zurück, „ich muss am Ende des Monats immer aufpassen, dass ich mein Konto nicht überziehe." Jetzt waren wir baff. „Aber du verdienst doch supergut", sagte Astrid. „Wieso hast du am Ende des Monats nichts mehr übrig?" Luisa zuckte resigniert mit den Schultern: „Ich kann super operieren, aber irgendwie nicht mit Geld umgehen." Sie berichtete, dass es nicht das erste Paar Schuhe diesen Monat wäre. Eine neue Sonnenbrille, Parfüm, Geschenke für die Patenkinder, ein Kurztrip nach Stockholm und zahlreiche weitere Freizeitausgaben wie Yoga, Massagen und gutes Essen fanden sich auf der Ausgabenseite. Mit ihnen versuchte sie, in ihrem stressigen beruflichen Alltag Ausgleich zu finden. Das Geld zerrann ihr zwischen den Fingern. Die eigene, innere Kontrollinstanz war abgeschaltet, das Konto am Monatsende leer. Oft hatte sie keinen Schimmer, wo es überhaupt geblieben war. Und ihr Partner, ebenfalls Mediziner, war keinen Deut besser. Klischeemäßig golfte er sich am Wochenende den Arbeitsstress von der Seele – natürlich mit dem besten Equipment und regelmäßigen Dinnerabenden im Klub nach einem Turnier. Dazu sein teures und die Beziehung ziemlich strapazierendes Hobby: Fische. Die Aquaristik-Branche habe sich an ihm bereits eine goldene Nase verdient, scherzt Luisa regelmäßig. Sie hatten ein Hightech-Meerwasser-Aquarium im Wohnzimmer, von dem mancher Zoo nur träumen konnte – diverse Riffbarsche, Anemonenfische und – nomen est omen – natürlich auch Doktorfische schwammen im Becken des Medizinerpärchens, ein Experte für Salzwasserfische wurde regelmäßig konsultiert. Als in Berlin das Sea-Life-Aquarium platzte, spielte Luisa kurz mit dem Gedanken, interessierte Besucher einfach in ihre Wohnung umzuleiten. Kurzum: Beide verprassten ihr Geld jeden Monat komplett für ihren Lifestyle – und das, obwohl sie zu den absoluten Topverdienenden des Landes gehören, die eigentlich genug Geld zum Sparen und Investieren übrig haben könnten. Tatsächlich waren beide nicht ganz glücklich mit der Situation, wussten aber nicht so richtig, wie sie ihre Finanzen in den Griff bekommen sollten.

„Ich bin dankbar, dass wir uns diesen Luxus leisten können", sagte Luisa. „Aber ich will auch nicht für den Rest meines Lebens so extrem viel arbeiten müssen, um meine Ausgaben stemmen zu können. Aber was soll ich machen, ich bin einfach so schlecht im Umgang mit Geld."

WOHLHABEND IM JETZT, ARM IM ALTER

Jetzt magst du sagen: Dann gib halt einfach weniger aus, reiß dich am Riemen. Und damit hast du auch recht. Aber sowohl Luisa als auch ihr Freund haben sich seit Jahren an ihren Lebensstil gewöhnt, sie merken teils überhaupt nicht mehr, wie viel Geld sie wofür ausgaben, sie kaufen einfach – ohne Preise zu vergleichen, ohne zu überlegen, ob sie etwas wirklich brauchen. Am

Ende des Monats kommt dann regelmäßig eine Phase des Jammers und des Sparens – einfach, weil kein Geld mehr auf dem Konto ist. Immerhin sind sie so vernünftig, nicht in den Dispo zu gehen und sich hohe Kosten für Überziehungszinsen aufzuladen. Aber sie lernen auch nie etwas aus ihren Erfahrungen oder ziehen Konsequenzen. Sie ruhen sich stets auf dem Argument aus, dass sie einfach nicht mit Geld umgehen könnten, und bestärken sich gegenseitig sogar noch darin. Eine echte Notlage würde diese Ansicht vielleicht ändern, aber bis dato sind sie so immer gut gefahren. Es ist zwar nichts übrig, etwa für die Altersvorsorge, aber alles, was sie während eines Monats haben wollen, können sie sich leisten. Erst gegen Ende wird es immer knapp.

Vermutlich würdest du uns zustimmen, dass es sich hierbei um ein ziemliches Luxusproblem handelt. Doch auch Menschen, die gut verdienen, aber nie privat vorsorgen, nichts sparen, nichts in ETFs, Aktien, Immobilien oder private Absicherungen investieren, werden irgendwann ein Problem haben, denn sie werden ihren gewohnten Lebensstandard nicht halten und im Ruhestand mit weniger als der Hälfte ihres vorherigen Einkommens auskommen müssen.[10] Die meisten wird das aufgrund hoher Lebenshaltungskosten vor erhebliche Herausforderungen stellen.

Wie auch Luisa und ihr Partner nutzen viele Menschen – egal, ob sie ein hohes oder niedriges Einkommen haben – die Aussage „Ich kann einfach nicht gut mit Geld umgehen" als Schutzschild, um unvernünftige Ausgaben zu rechtfertigen und keine finanzielle Verantwortung übernehmen zu müssen.

Der Glaubenssatz hat, wie die allermeisten, seine Wurzeln bereits in unserer Kindheit, wenn wir beispielsweise beobachtet haben, wie unsere Eltern mit Geld umgingen. War die finanzielle Situation zu Hause von Unsicherheit oder Sorgen geprägt, hat sich dies in uns festgesetzt. Vielleicht haben wir aber auch gesehen, dass unsere Eltern mit Geld nur so um sich geschmissen haben – ob sie nun genug davon hatten oder nicht. Vielleicht wurde immer alles gekauft, was wir oder unsere Eltern haben wollten, und wir haben nie einen gesunden Umgang mit Geld lernen können, der Sparsamkeit ebenso berücksichtigt, wie sich etwas zu gönnen. Vielleicht war das Geld immer mal wieder plötzlich weg, und wirklich wichtige Dinge konnten nicht bezahlt werden. Für Menschen, die der Meinung sind, sie könnten nicht mit Geld umgehen, hat sich aus alledem die logische Konsequenz ergeben, dass die Ups and Downs bei den Finanzen an der eigenen Unfähigkeit liegen, das Geld beisammenzuhalten. Auch unsere Freundin Luisa sagte uns bei unserem Gespräch: „Ich habe einfach nie gelernt, mit Geld umzugehen." Stimmt ja auch. Viele von uns lernen den Umgang mit Geld nicht, jedenfalls nicht bewusst.

PROBLEM ERKANNT, GEFAHR GEBANNT?

Geld ist nach wie vor ein Tabuthema in unserer Gesellschaft, über das selbst in vielen Familien nicht offen gesprochen wird. Woher sollen Kinder also einen gesunden Umgang mit Geld lernen, wenn die Eltern nie mit ihnen über Geld sprechen oder sie selbst viele Geldglaubenssätze verinnerlicht haben, die sie bewusst oder unterbewusst an ihre Kinder weitergeben? Hinzu kommt, dass auch in der Schule das Thema selten bis gar nicht zur Sprache kommt. Wir lernen Lesen, Schreiben, Rechnen. Wir haben Geschichte, Geografie und Biologie. Aber über eines der wichtigsten Themen in unser aller Leben lernen wir fast nichts: Wie funktioniert die Wirtschaft, woher kommt unser Geld, was ist Inflation, was passiert an der Börse, wie kann man in Anlageprodukte investieren und welche sind am besten für die Altersvorsorge geeignet, wie vermeidet man es, Schulden zu machen, und warum ist das alles überhaupt wichtig? Das sind nur einige der Fragen, die in einem Schulfach Finanzen geklärt werden könnten. Leider wird ein solches bis heute an den allermeisten Schulen nicht angeboten – obwohl Politiker:innen unterschiedlicher Parteien sich über die Wichtigkeit eines solchen Projekts einig sind. So sagte uns beispielsweise der Bundesfinanzminister Christian Lindner bei einem Treffen mit ihm im Sommer 2023, dass er sich verstärkt für finanzielle Bildung der Bevölkerung einsetzen will, da er sie als wichtigen Bestandteil der Allgemeinbildung sieht und die Deutschen sich noch viel zu wenig mit dem Thema befassen würden. Die Bundesbildungsministerin Bettina Stark-Watzinger erklärte uns bei einem Gespräch im Frühjahr 2023, dass ihr insbesondere die finanzielle Bildung von Frauen sehr am Herzen liege und sie sich daher ebenfalls stark dafür einsetzen wolle, dieses Defizit in Deutschland zu verbessern. Und die Politikerin und Digitalexpertin Dorothee Bär erzählte in einem Interview, sie würde ein Schulfach Finanzen für sehr wichtig halten, da sie selbst bei einem Auslandsaufenthalt in den USA in jungen Jahren die Erfahrung gemacht habe, wie sinnvoll es sei, einen guten Umgang mit Geld auch in der Schule zu lehren und jungen Menschen beizubringen, die eigenen Finanzen zu managen. Bleibt zu hoffen, dass es nicht mehr allzu lange dauern wird, bis es tatsächlich ein entsprechendes Fach an unseren Schulen geben wird – und zwar flächendeckend und nicht nur an einigen ausgewählten Standorten.

SCHEINWELT TRIFFT WISSENSLÜCKE

Denn wenn wir kein fundiertes Wissen beziehungsweise nicht einmal Grundkenntnisse über Dinge wie Budgetierung, Investitionen und Vermögensaufbau haben, führt dies zu Untätigkeit, Unsicherheiten und Ängsten beim Umgang mit den eigenen Finanzen, die sich dann in Glaubenssätzen wie „Ich kann einfach nicht gut mit Geld umgehen" manifestieren. Wie bei vielen anderen Themen auch ist es vor allem Wissen, das uns Sicherheit und Selbstbewusstsein verleiht und uns befähigt, sinnvolle und gut informierte Entscheidungen zu treffen. Und es ist auch Wissen, das es uns ermöglicht, ein Interesse für scheinbar sperrige Themen zu entwickeln und zu merken, dass diese gar nicht so trocken und schwierig sind, wie wir ursprünglich angenommen haben. Wenn es aber im Alltag der meisten Menschen keinerlei Berührungspunkte mit einem Thema gibt – egal, ob es Finanzen, Technik oder KI ist –, wird es kaum möglich sein, ein breites Interesse und Verständnis für diese Themen zu entwickeln und sie als normalen Bestandteil des täglichen Lebens zu betrachten. Dann werden sie lediglich von einigen wenigen verstanden und genutzt werden, während die große Masse die Augen rollt, wenn jemand das Thema nur erwähnt, und sich in die damit verbundenen tief verwurzelten negativen Glaubenssätze rettet.

Das ist insofern tragisch, als dass man sich letztlich selbst von den Chancen ausschließt, die beispielsweise ein guter und positiver Umgang mit Geld und den eigenen Finanzen mit sich bringen kann.

Dass es vielen so schwerfällt, einen gesunden und nachhaltigen Umgang mit dem eigenen Geld zu pflegen, liegt auch daran, dass wir mittlerweile fast ununterbrochen mit Bildern von scheinbarem Wohlstand und materiellem Erfolg konfrontiert werden. Neben Werbung im Fernsehen, Radio und Internet präsentieren Influencer:innen uns in den sozialen Medien pausenlos die neuesten It-Pieces, die unser Leben besser, schöner und schneller machen – in einer Frequenz, die für die allermeisten Menschen überhaupt nicht stemmbar und natürlich völlig übertrieben ist. Dennoch suggeriert uns diese schöne neue Scheinwelt, dass es so aber sein sollte und wir etwas falsch machen oder uns einfach noch nicht genügend angestrengt haben, wenn es bei uns nicht so rosig aussieht. Neben Selbstzweifeln führt die Erkenntnis, nicht in dieser glänzenden Welt zu Hause zu sein, oft zu übermäßigem Konsum und blinder Kauflust und in der Folge zu der Überzeugung, nicht gut mit Geld umgehen zu können. Daraus entwickelt sich schnell ein Teufelskreis, denn der Glaubenssatz „Ich kann einfach nicht gut mit Geld umgehen" macht es einem leicht, sich eine unnötige Kaufattacke selbst schnell zu verzeihen oder sie gegenüber Freund:innen und Familie zu rechtfertigen.

ERKENNEN, ENTZAUBERN, ELIMINIEREN

Darum ist es uns wichtig zu zeigen, dass Glaubenssätze nicht in Stein gemeißelt sind, dass man sie erkennen und auflösen kann – indem du dir bewusst machst, dass es ein Glaubenssatz ist, der dich von einem für dich guten Umgang mit Geld abhält, und du verstehst, woher er stammt, kannst du beginnen, ihn zu hinterfragen und zu verändern. Du hast es selbst in der Hand, die Kontrolle über deine finanzielle Geschichte zu übernehmen und einen neuen, selbstbewussten und ausgeglichenen Umgang mit Geld zu entwickeln und zu pflegen. Das bedeutet nicht, dass du dir nichts mehr gönnen, nie mehr shoppen gehen oder auch mal etwas kaufen darfst, was du nicht unbedingt brauchst. Es bedeutet aber, dass du bewusster mit deinem Geld umgehst, vielleicht Budgets für verschiedene Aspekte deines Lebens – also auch fürs Sparen, Investieren und Konsumieren – festlegst und insgesamt etwas Zeit und Hirnschmalz aufwendest, um für dich selbst einen guten Finanzplan aufzustellen. Ganz ohne Aufwand und von selbst geht es – wie mit den allermeisten wichtigen Dingen im Leben – leider nicht.

Wir möchten dich dennoch ermutigen, den Bullshitsatz „Ich kann einfach nicht gut mit Geld umgehen" als solchen zu erkennen, ihn zu entlarven und einzuordnen. Das ist der erste Schritt, um ihn in die Wüste zu schicken. Denn dieser Satz, diese Einstellung sorgt dafür, dass selbst Gutverdienende ihre eigentlich ausreichenden finanziellen Mittel nicht langfristig und nachhaltig nutzen. Dabei wäre es für sie ebenso nötig, privat vorzusorgen, und gleichzeitig sogar leichter als für viele andere mit kleinerem Einkommen, ein Vermögen aufzubauen. Es könnte ihnen im Alter oder auch schon zuvor ein Leben in Wohlstand und damit einhergehend vielen Freiheiten sowie die Möglichkeit, auch andere Menschen zu unterstützen, ermöglichen.

Neben Geldproblemen im Alter gibt es weitere Aspekte, die im Zusammenhang mit finanziellen Schwierigkeiten oft vernachlässigt werden, und zwar die Folgen für die Gesundheit und auch private Beziehungen. Studien belegen beispielsweise, dass Geldsorgen sich negativ auf die Psyche auswirken können. Die digitale Finanzcoach-App Fabit hat 2022 gemeinsam mit dem Inkasso-Unternehmen coeo eine Onlineumfrage unter

Schuldner:innen durchgeführt. [11] Rund drei Viertel der Befragten fühlten sich bei Gedanken an ihre finanzielle Situation wie gelähmt. Mehr als 60 Prozent kämpften mit körperlichen Problemen wie Schlafstörungen, Schmerzen und Appetitlosigkeit. Fast ebenso viele litten auch psychisch unter den Geldsorgen, hatten Depressionen oder Angstzustände. Wirtschaftliches Scheitern wird zudem oft als gesellschaftlicher Makel empfunden, ist ein häufiger Streitpunkt in Beziehungen und führt daher zu einer ganzen Kettenreaktion an negativen Folgen.

 UNSERE TIPPS FÜR DICH

Unser Rat, um das zu vermeiden: Bau dir ein finanzielles Setting auf, mit dem du dich wohl- und abgesichert fühlst. Du wirst überrascht sein, dass dies schon in wenigen Schritten gelingen kann – sieben, um genau zu sein. Here we go – mit diesem Fahrplan nimmst du deine Finanzen selbst in die Hand und lernst einen guten Umgang mit Geld!

1. Setze dir finanzielle Ziele:

Definiere zunächst klare, erreichbare finanzielle Ziele für dich selbst. Diese können kurzfristig orientiert sein wie der Kauf eines neuen Computers oder auch langfristig wie der Aufbau eines Notgroschens oder der Kauf einer Immobilie. Mit dieser Strategie schaffst du eine Motivation, bewusst auf deine Ziele hinzuarbeiten, für diese beispielsweise zu sparen, dir Ausgaben, die nichts damit zu tun haben, zweimal zu überlegen und insgesamt verantwortungsvoller mit Geld umzugehen.

2. Verschaff dir Überblick über deine Finanzen:

Mach einen Kassensturz, also eine Liste, die deine Einnahmen und Ausgaben transparent widerspiegelt. Rechne dir dabei nichts schön oder unterschlage Ausgaben, damit das Ergebnis besser aussieht! Deine Einnahmen sind dein Gehalt, vielleicht Kindergeld, Mieteinnahmen, Tantiemen oder auch Ausschüttungen aus Investments. Die Ausgaben zu ermitteln ist oft etwas schwieriger. Hier empfiehlt es sich, einige Monate lang ein Haushaltsbuch in Papier- oder Appform zu führen. Wem das zu altbacken oder aufwendig ist, empfehlen wir die Boxmethode. Einfach alle Bons in einer Box oder einem Korb sammeln. Alle Onlineausgaben oder Dinge, für die man keine Quittung bekommt, auf einen kleinen Zettel schreiben und ebenfalls in die Box werfen. Am Ende jeden Monats alle Ausgaben in Kategorien aufteilen und zusammenrechnen. Dies gerne drei, vier Monate lang machen, um einen guten Überblick zu bekommen und zu wissen, wohin dein Geld wirklich fließt. Indem du Ausgaben kategorisierst, kannst du identifizieren, wo Einsparungen möglich sind und wo du bewusster mit deinem Geld umgehen kannst. Gleichzeitig kannst du dir für bestimmte Ausgabenbereiche Maximalbudgets setzen, die du dann nicht mehr überschreitest. Zu wissen, wo dein Geld jeden Monat bleibt, wird automatisch dein Money Mindset resetten. Du wirst bestimmte, scheinbar billige Dinge nicht mehr ohne Weiteres kaufen, weil du erkannt hast, wie sich kleine Summen am Ende des Monats zu riesigen Beträgen anhäufen.

3. Bilde dich finanziell weiter:

Lies Bücher, Magazine oder Blogs zu Finanzthemen, höre dir entsprechende Podcasts an, nimm an Workshops teil und tausche dich mit anderen Menschen offen über Finanzthemen aus. Trau dich, Fragen zu stellen, wenn du etwas nicht verstehst! So bildest du dich in finanziellen Angelegenheiten weiter und wirst sehr schnell die Grundlagen von Investitionen verstehen und effizienter sparen. Informiere dich über die verschiedenen Möglichkeiten der Investitionen und Vermögensbildung.

Du musst nicht reich sein, um investieren zu können. Auch mit kleineren Summen kann man nach und nach ein Vermögen aufbauen und fürs Alter vorsorgen. Sparpläne werden oftmals schon ab 25 Euro angeboten, und damit zu starten ist ein erster wertvoller Schritt. Je mehr du über Geld weißt, desto sicherer wirst du dich im Umgang damit fühlen. Versprochen!

4. Selbstreflexion:

Hinterfrage regelmäßig deine Einstellungen und Überzeugungen zu Geld und Finanzthemen – insbesondere, wenn es dir schwerfällt, deine Finanzen im Griff zu behalten. Nimm dir Zeit, um deine Gedanken zu Geld aufzuschreiben – sowohl positive als auch negative. Das kann dir sehr dabei helfen, zu erkennen, ob bestimmte Glaubenssätze dich daran hindern, finanziell voranzukommen. Reflektiere, ob deine Ausgaben in Einklang mit deinen Werten und Zielen stehen, und überprüfe auch regelmäßig, ob du unnötige Ausgaben hast und somit Sparpotenzial vorhanden wäre.

5. Bau dir einen Notfallgroschen auf:

Plane für unvorhergesehene Ausgaben, indem du einen Notfallfonds aufbaust. Dieser dient als finanzielles Polster und verhindert, dass du bei unerwarteten Ereignissen in finanzielle Engpässe gerätst. Dieses Geld sollte etwa drei bis sechs Nettomonatsgehälter umfassen, je nachdem, ob du Single bist, eine Familie hast, ein Auto fährst, einen Kredit abzahlst usw. Insgesamt sollte dein Notgroschen es dir ermöglichen, mindestens drei Monate auch ohne Einkommen auskommen zu können. Das Geld ist für Notfälle only! Dazu kann natürlich auch eine kaputte Waschmaschine zählen, aber eben kein Wochenendtrip nach London oder eine neue Designertasche. Daher sollte der Notgroschen auch unbedingt auf dem Tagesgeldkonto liegen, wo du im besten Fall noch Zinsen bekommst und gleichzeitig nicht – wie etwa beim Giro-konto – per Kreditkarte dein Geld „versehentlich" ausgeben kannst.

6. Investiere in deine Zukunft:

Überlege dir, welche Möglichkeiten es gibt, in deine eigene Zukunft zu investieren. Das kann sowohl ein Studium, eine Aus- oder auch Weiterbildung sein, also ein Invest in dein Humankapital, das dich beruflich voranbringt. Genauso zählt dazu das langfristige Anlegen deines Geldes in verschiedene Investmentprodukte, etwa in Einzel-aktien, ETFs, Immobilien oder auch wichtige Versicherungsprodukte, wie etwa eine Berufsunfähigkeitsversicherung.

7. Schaffe dir ein gutes Konsumbewusstsein:

Mach dir deine Konsumgewohnheiten bewusst – beispielsweise wie oben beschrieben über ein Haushaltsbuch oder die Boxmethode. Frage dich, ob deine Ausgaben langfristig zu deinem Wohlbefinden beitragen oder lediglich kurzfristige Befriedigung bieten. Der bewusste Umgang mit Konsum kann erheblich dazu beitragen, finanzielle Ressourcen sinnvoll einzusetzen. Ein guter Umgang mit Geld erfordert – zumin-dest bis du ihn etabliert und verinnerlicht hast – Zeit, Selbstreflexion und die Bereitschaft, alte Gewohnheiten und Glaubenssätze wie „Ich kann einfach nicht gut mit Geld umgehen" abzulegen und neue, posi-tive Gewohnheiten anzunehmen. Es ist ein individueller Prozess, und es gibt keinen „One-Size-Fits-All"-Ansatz. Du musst deinen eigenen Weg finden, der zu deiner Lebenssituation und deinen Zielen passt. Der erste Schritt ist jedoch, dich von limitierenden Glaubenssätzen zu lösen und Verantwortung sowie die Kontrolle über deine eigene finanzielle Geschichte zu übernehmen. Das geht mit ganz prakti-schen Tipps einher: Kaufe nur das, was du dir leisten kannst! Dinge wie Kleidung, Schuhe, Möbel, aber auch andere Konsumprodukte wie *ein Auto oder eine neue Küche solltest du dir nur anschaffen, wenn du sie bar bezahlen oder die monatlichen Leasingraten, wie etwa bei einem Auto, ganz entspannt bezahlen kannst und gleichzeitig am Ende des Monats noch Geld zum Sparen und Investieren übrig hast. Keinesfalls solltest du für Konsum in den Dispo gehen, also dein Konto überziehen oder gar einen Konsumkredit aufnehmen – egal, wie gerne du etwas haben möchtest. Wenn du drüber nachdenkst, ob du dir etwas leisten kannst oder nicht, dann ist es in der Regel bereits ein Zeichen dafür, dass du es dir nicht leisten kannst. Bitte fang auch nicht an, dir eine Ausgabe schönzurechnen, sondern sei realistisch und ehrlich mit dir selbst.*

GESUNDE GELDGEWOHNHEITEN ETABLIEREN

Insgesamt ist ein guter Umgang mit Geld für uns aber nicht nur eine Frage des Kontostands, sondern vor allem eine Frage der Einstellung und der Gewohnheiten. Es geht darum, eine gesunde Beziehung zu Geld aufzubauen und bewusste Entscheidungen zu treffen, die langfristig zu finanzieller Stabilität führen. Geld birgt in seiner Tiefe sogar eine faszinierende philosophische Dimension. Ein guter Umgang mit Geld geht aus unserer Sicht über reine Zahlen hinaus, er reflektiert unsere eigenen Werte, Prioritäten und die Art und Weise, wie wir uns selbst in der Welt sehen. Inwiefern definieren wir uns selbst über Geld? In welchem Maß machen wir unseren Wert an dem uns zur Verfügung stehenden Geld fest? Woher kommt unser Geld? Wofür geben wir unser Geld aus? In welche Unternehmen investieren wir? Und wissen wir, welchen Einfluss unser Geld hat? Die Entscheidungen, wie wir unser Geld verdienen und was wir damit machen, können einen tieferen moralischen Wert widerspiegeln, ohne behaupten zu wollen, dass man sich nicht auch mal etwas „Unvernünftiges" gönnen darf. Der gute Umgang mit Geld berücksichtigt aber immer auch die Zukunft – nicht nur die eigene, sondern auch die der nächsten Generationen und unseres Planeten. Investitionen und Ausgaben sollten unserer Ansicht nach daher möglichst nachhaltig sein, um eine positive Wirkung auf unsere Umwelt und soziale Strukturen und auch über unsere eigene Lebensdauer hinaus eine Wirkung zu haben. Tatsächlich ist das mittlerweile zu einem Problem geworden – Stichwort: „Short-Termism". Wir sind durch die Nutzung moderner Medien so auf eine kurzfristige Bedürfnisbefriedigung getrimmt, dass es uns immer schwerer fällt, uns langfristigen Herausforderungen zu widmen – nicht nur in unseren persönlichen Angelegenheiten wie finanzieller Vorsorge, sondern beispielsweise auch in der Bewältigung drängender globaler Probleme wie dem Klimawandel. Darum sollte Geld unserer Ansicht nach nicht nur als Mittel zum Überleben betrachtet werden, sondern auch als Werkzeug zur Verbesserung unserer Lebensqualität und der der kommenden Generationen dienen.

„ICH WAR SCHON IMMER SCHLECHT IN MATHE"

Die Liebe zu Zahlen – sie scheint nur den wenigsten gegeben. Und wenn überhaupt, dann Männern – denkt man an die zahlreichen Glaubenssätze, die wir so oft zu hören bekommen, und zwar von Männern und Frauen gleichermaßen. Jedenfalls haben wir Sätze wie „Ich war schon immer schlecht in Mathe" oder „Mathe interessiert mich einfach nicht" bislang fast ausschließlich von Mädchen und Frauen gehört. Manchmal heißt es sogar ganz explizit „Mädchen sind eben nicht so gut im Rechnen", „Mathe ist halt eher ein Jungsfach" oder „Frauen sind nun mal keine Zahlenmenschen". Tragischerweise werden solche Sätze auch immer wieder von Lehrer:innen oder Eltern genutzt, um schlechte Noten ihrer Schülerinnen und Töchter zu erklären. Oder es wird im Gegenteil überrascht auf die gute Mathenote reagiert, wie es zum Beispiel Astrid in der Grundschule passierte. Ihre Lehrerin wurde nicht müde zu betonen – beim Elternabend und im Unterricht –, dass sie das einzige Mädchen sei, das auf dem Zeugnis eine Eins in Mathe habe, und wie ungewöhnlich das sei. Stolz darauf war Astrid – im Gegensatz zu ihren Eltern – damals keineswegs. Das Lob der Lehrerin klang in ihren Ohren nicht nach Anerkennung, sondern nach einem Vorwurf.

Tatsächlich wäre es derartigen Glaubenssätzen nach naturgegeben und einfach nicht zu ändern, dass Mädchen – und später auch Frauen – Mathe und in der Konsequenz auch Rechnungen, Zahlen und Finanzen, die ja für uns alle zum alltäglichen Leben gehören, gar nicht verstehen und entsprechend darin auch niemals gut sein könnten. Alle Versuche, alles Üben wären demnach aussichtslos und reine Zeitverschwendung, könnten sie an der Ausgangslage ja ohnehin nichts ändern. Von ganz, ganz wenigen weiblichen Nerds, wie Astrid in den Augen der Lehrerin offenbar einer war, einmal abgesehen.

#GIRLMATH – WTF?

Das Narrativ, dass Frauen nun mal kein Mathe können, ist bis heute allgegenwärtig und treibt immer neue wilde Blüten: Im Spätsommer 2023 schwappte aus der neuseeländischen Radiosendung „Fletch, Vaughan & Hayley" der Hashtag #GirlMath zu uns herüber: Teure Einkäufe wurden dort mittels völlig verquerer Rechnungen gerechtfertigt und schöngerechnet.

Beispiel gefällig? Wenn man etwas bar anstatt mit Karte bezahlt, ist der Einkauf laut „Girl Math" kostenlos – schließlich ändert sich der Kontostand ja nicht. Häh? Wir müssen wohl nicht extra erklären, dass das Geld, bevor man damit bar bezahlen kann, ja am Bankautomaten vom Konto abgehoben werden muss. Und selbst wenn man es von Oma zu Weihnachten geschenkt bekommen hat, ist es ja weg, wenn man etwas damit bezahlt, der Einkauf also mitnichten kostenlos. Laut „Girl Math" gibt man aber auch kein Geld aus, wenn man sich etwas auf Pump kauft, denn auch hier ändert sich ja der Kontostand (erst mal) nicht. Dass ein Konsumkredit in der Regel hohe Zinsen mit sich bringt, die den Kontostand im Nachhinein oft schneller schrumpfen lassen, als neues Geld etwa durch das Einkommen hinzukommt, bleibt unerwähnt. Ach ja, und wenn man etwas kauft, es später aber zurückgibt und sich das bereits gezahlte Geld erstatten lässt, hat man laut #girlmath etwas verdient. Da können wir nur sagen: WTF?

Auch wenn der Hashtag teils mit einem Augenzwinkern und durchaus auch als Kritik an überhöhtem Konsumverhalten genutzt wird, suggeriert er doch vor allem jungen Menschen, dass es völlig in Ordnung ist, Schulden zu machen, und bedient den Bullshitsatz „Mädchen können kein Mathe" oder „Frauen können nicht rechnen" par excellence. Frauen, die naiven Dummchen, die nicht mal zwei und zwei zusammenzählen können und nicht checken, wenn ihnen ein X für ein U vorgemacht wird – und das ja auch gar nicht schlimm ist. Die Milchmädchenrechnung lässt grüßen!

Kein Wunder also, dass auch viele erwachsene Frauen diesen Glaubenssatz verinnerlicht haben und ihn als Entschuldigung dafür heranziehen, sich nicht mit ihren Finanzen zu befassen beziehungsweise sich auch gar nicht damit befassen zu können. Vielleicht ist es für sie zu einer bequemen und gesellschaftlich akzeptierten Ausrede geworden, die ihnen in Fleisch und Blut übergegangen ist. Vielleicht sind sie sich dessen nicht einmal bewusst. Vielleicht ist es aber auch so, dass ihnen der Anblick von Zahlen tatsächlich Angst macht und sie direkt Schweißausbrüche bekommen, wenn sie daran denken, sich mit ihren Finanzen auseinandersetzen zu müssen. Vielleicht geht es dir ja auch so.

MATHE IST BABYLEICHT!

Die gute Nachricht: Zahlreiche Studien beweisen mittlerweile, dass Mädchen keinesfalls von Natur aus schlechter in Mathe sind oder auch nur ein eingeschränktes Zahlenverständnis haben. Entgegen der Annahme, dass Mathematik nur für eine begabte Minderheit geeignet ist, zeigt die Forschung, dass das menschliche Gehirn grundlegend für den Erwerb mathematischer Fähigkeiten ausgerüstet ist. Der angeborene Zahlensinn ist bereits bei Säuglingen zu beobachten. Wissenschaftler:innen der Universität Rochester untersuchten 2019 beispielsweise die Hirnaktivität von Mädchen und Jungen im Alter von drei bis zehn Jahren bei der Lösung mathematischer Probleme und fanden keine signifikanten Unterschiede zwischen den Geschlechtern.[12] Eine weitere Metastudie kam bereits 2012 zu ähnlichen Erkenntnissen und zeigte, dass die Unterschiede bei mathematischen Leistungen zwischen Mädchen und Jungen eher von der „Gleichstellung der Geschlechter oder anderen soziokulturellen Faktoren" der jeweiligen Länder abhängen.[13]

Leider sind insbesondere hierzulande Mädchen echte Mathe-Muffel. Das zeigt der Bildungsbericht zur Chancengleichheit der Geschlechter der Organisation für wirtschaftliche Zusammenarbeit und Entwicklung (OECD). Die Studie belegt, dass es hinsichtlich der Einstellung zu naturwissenschaftlichen Berufen in Deutschland enorme Unterschiede zwischen Jungen und Mädchen gibt. Diese Differenz wird in der Untersuchung aber nicht auf genetische oder angeborene Fähigkeiten zurückgeführt, sondern auf erlerntes Verhalten und anerzogene Glaubenssätze. So können sich nur 14 Prozent der Eltern hierzulande vorstellen, dass ihre Töchter in MINT-Berufen – also in den Bereichen Mathematik, Informatik, Naturwissenschaften oder Technik – erfolgreich sein könnten, verglichen mit 39 Prozent für ihre Söhne. Diese Zahlen spiegeln tiefe kulturelle Vorurteile wider, die Mädchen in ihrer Einstellung und ihrem Selbstvertrauen beeinflussen. OECD-Studienergebnisse aus Korea, wo Frauen viel mathe- und technikaffiner sind als in Deutschland, unterstreichen, dass Schwierigkeiten in Mathematik weniger eine Frage der Begabung als vielmehr der Bildungschancen, Unterrichtsmethoden und nicht zuletzt der Sozialisierung und Erziehung sind. In Korea trauen nämlich Eltern ihren Söhnen und Töchtern zu fast gleichen Teilen zu, in einem MINT-Beruf Karriere machen zu können. In vielen arabischen Ländern sind Frauen – so sie denn überhaupt studieren dürfen – in Fächern wie Mathematik, Informatik, Naturwissenschaft und Technik oft sogar in der Überzahl. Im OECD-Schnitt konnten sich hingegen insgesamt nur etwa fünf Prozent aller Mädchen im Alter von 15 Jahren vorstellen, irgendwann einmal in einem MINT-Fach zu arbeiten. Bei den Jungen waren es 20 Prozent.

Kann der Milchmann besser rechnen?

Die tiefe Ambivalenz gegenüber Mathe und Zahlen, die viele Mädchen und Frauen trotz gleicher Ursprungsvoraussetzungen verspüren und die ebenfalls von vielen Untersuchungen, wie beispielsweise der PISA-Studie von 2018 [14] oder auch von 2015 [15], in denen Mädchen öfter angaben, unter „Mathematik-Angst" zu leiden, belegt wurden, haben ihre Wurzeln also im Bildungssystem, offenbar besonders der mitteleuropäischen Kultur, und dadurch hervorgerufenen individuellen Selbstbildern, die gesellschaftlich bis heute akzeptiert sind und von Generation zu Generation weitergereicht werden. Oft schlagen sich derartige Glaubenssätze sogar in der Sprache nieder. So beschreibt zum Beispiel die bereits erwähnte „Milchmädchenrechnung" eine naive und nicht zu Ende gedachte Argumentationskette, die eher auf Wunschdenken basiert und das Klischee bedient, Mädchen seien nicht in der Lage, vorausschauend zu denken, zu planen und natürlich auch nicht zu rechnen. Jetzt könnte man das „Mädchen" heutzutage auch einfach in einen „Mann" umformulieren, aber das würde an der Grundsituation nur wenig ändern. Denn fest steht, dass auch Redensarten als Teil unseres täglichen Sprachgebrauchs dafür sorgen, dass Glaubenssätze sich halten und sich in unseren Alltag einschleichen und verfestigen.

Tatsächlich hätten wir nicht unbedingt Studienergebnisse durchackern müssen, um zu wissen, dass es um die Selbsteinschätzung vieler Frauen hinsichtlich ihrer mathematischen Fähigkeiten schlecht bis katastrophal bestellt ist. Nach den Ursachen ihrer bisherigen Untätigkeit in Bezug auf ihre Finanzen und Altersvorsorge befragt, geben viele Leserinnen oder Workshop-Teilnehmerinnen im geschützten Raum unserer Community offen zu, dass sie nicht gut mit Zahlen umgehen können, Angst vor Fehlern bei der Geldanlage haben, da sie unter anderem nicht so gut rechnen könnten oder sie gestresst, genervt oder gelangweilt von dem Thema sind, da Zahlen sie einfach nicht interessieren würden.

VOM MUFFEL ZUM MASTER

In gewisser Weise verstehen wir das sogar. Auch wir treffen uns in unserer Freizeit nicht, um mit großer Leidenschaft Mathequizze zu lösen. Unsere Steuererklärungen bringen uns, trotz tollen Supports, oft an den Rand des Wahnsinns. Und wenn wir Projekte starten, würden wir auch lieber direkt in die kreative Arbeit gehen, anstatt sie zuvor durchkalkulieren zu müssen. An die meterlangen Kurvendiskussionen, wie wir sie in Matheklausuren der Oberstufe durchführen mussten, erinnern wir uns schon gar nicht mehr – zum Glück! Tatsächlich waren wir auch beide nicht die krassesten Rechengenies der Schule. Astrids Leistungen waren während ihrer Schulzeit stark von ihren Lehrer:innen abhängig. Während sie von der achten bis zur zehnten Klasse einen Mathelehrer hatte, der toll erklären, das Fach mit Begeisterung vermitteln konnte und sie richtig Spaß an der Materie und immer eine Eins hatte, sackten ihr Interesse und ihre Note mit einer neuen Lehrerin, die den Stoff zwar mit Leidenschaft, aber dennoch äußerst umständlich erläuterte, schlagartig ab. Daniela, die eher ein mathematischer Muffel war, hat es lediglich ihrem Vater, einem passionierten Mathelehrer, der unermüdlich mit ihr lernte – und übrigens heute genauso geduldig mit ihren Kindern Mathe übt –, zu verdanken, dass sie trotz Lustlosigkeit regelmäßig auch

Zweien oder sogar ab und an Einsen mit nach Hause brachte. Und auch wenn die Noten bei dem einen oder der anderen eher im Bereich Vier, Fünf oder sogar Sechs liegen, heißt das noch lange nicht, dass sich dieser Umstand nicht später ändern kann. Es gibt in unserem Bekanntenkreis einige Beispiele von vermeintlichen „Mathe-Nieten", die später äußerst erfolgreich in Berufen wurden, die genau das verlangen: ein gutes mathematisches Verständnis. Eine Bekannte von Astrid hat ihr Abitur nur mit Ach und Krach bestanden. Alle Fächer machten Probleme, vor allem aber Mathe. Sie bestand das Abi mit 3,7 – ein Schnitt, mit dem sie nur Fächer studieren konnte, die ohne Numerus clausus zugänglich sind. Und das waren damals vor allem MINT-Fächer. Astrids Bekannte entschied sich für Wirtschaftsingenieurswesen an einer Hochschule in Brandenburg – und überraschte alle und am meisten sich selbst. Sie ackerte sich von einer Prüfung durch die nächste – leicht fiel ihr das anfangs nicht, aber sie zog es durch und war irgendwann Semesterbeste. Ihren Bachelor machte sie in Regelstudienzeit und setzte noch einen Master drauf.

Tatsächlich zeigen Studien auch, dass es vor allem Fleiß und Übung sind, die dafür sorgen, dass wir in einem Fach oder einer Tätigkeit gut werden. So zeigte eine Langzeituntersuchung der Universität München 3 500 bayerischen Schüler:innen, dass Kinder mit der höchsten Motivation den größten Leistungszuwachs in Mathe erzielten. Intelligenz spielte dabei überhaupt keine Rolle, die Art der Motivation allerdings schon. So fanden die Wissenschaftler:innen heraus, dass das Lernen für gute Noten nur kurzzeitig Erfolg bringt. Eine hohe intrinsische Motivation hingegen, die auf Freude an der Sache beruht, führt zu besseren Ergebnissen. [16]

GOOD TO KNOW

Wozu wir dir das alles erzählen? Weil wir ganz fest daran glauben, dass es vor allem das eigene Selbstbewusstsein sowie der Schweinehund sind, die du stärken, beziehungsweise überwinden musst, um mit den eigenen Finanzen richtig durchzustarten. Nicht zuletzt darum gestalten wir auch unser Finanzmagazin und unsere Workshops immer so, dass die Teilnehmerinnen die Freude und den Spaß, den die eigenen Finanzen und die Auseinandersetzung mit Geld und – ja, auch mit Zahlen – bringen kann, selbst erleben. Und ob es nun gefällt oder nicht, es ist eine Tatsache: In unserer Welt, die zunehmend von Technologie und Wissenschaft angetrieben wird, spielt Mathematik eine wichtige Rolle. Damit wird die Annahme, Mädchen und Frauen wären dieser Herausforderung nicht gewachsen, zu einem echten Problem – für die Mädchen und Frauen selbst, die auf gute Noten, Karrierechancen und höhere Gehälter verzichten, aber auch für die Gesellschaft und Wirtschaft, denen auf diese Weise viele fähige Arbeitskräfte verloren gehen. So erscheinen in Zeiten, in denen MINT-Berufe gefragter denn je sind, viele weibliche Talente gar nicht erst auf der Bildfläche.

WICHTIGE FINANZ-WAHRHEITEN

Um von Mathe wieder zum Thema Finanzen zu kommen: Was es für Frauen bedeuten kann, sich nicht um das eigene Geld zu kümmern, ihr Leben lang finanziell abhängig von Partner oder Staat und irgendwann von Altersarmut betroffen zu sein, erklären wir ja hinlänglich in diesem Buch. Zwei Bullshitebenen des Satzes „Ich war halt noch nie gut in Mathe" haben wir bereits enttarnt und am Beispiel zahlreicher Studienergebnisse widerlegen können: Erstens ist der Satz für viele schlicht und ergreifend eine Ausrede, um sich nicht mit einem für sie aus dem einen oder anderen Grund unangenehmen Thema befassen zu müssen. Zweitens wird er Mädchen und Frauen teils über Jahrzehnte hinweg eingeredet – in der Familie, in der Schule, von der Gesellschaft –, bis sie ihn so verinnerlicht haben, dass sie ihn glauben, ja, dass er Teil von ihnen selbst geworden ist.

Nun soll es noch um die dritte Bullshitebene gehen, nämlich, ob die Mathematik, die hinter Finanzen steckt und ihnen zugrunde liegt, tatsächlich kompliziert ist. Hier können wir dich direkt beruhigen: Das, was du benötigst, um dir finanzmathematische Zusammenhänge zu erschließen, geht über die Grundrechenarten kaum hinaus. Du musst Summen bilden, also addieren, Differenzen bilden, also subtrahieren, und ab und an etwas multiplizieren oder dividieren. Hinzu kommt, dass ein Gefühl für Prozent- sowie Potenzrechnung nicht schaden kann.

OMG, DIFFERENZ-WHAT?

Besonders Potenzrechnung klingt für viele erst mal nach einem Albtraum, aber: It's easy. Versprochen! Zunächst gibt es neben dem altbewährten Taschenrechner mittlerweile tolle Tools im Internet, mit deren Hilfe du auch die kompliziertesten Rechnungen meistern wirst und die wir selbst auch nutzen. Also nicht verrückt machen lassen. Auch Potenzieren ist ganz leicht. Wie beim Multiplizieren ein Summand wiederholt addiert wird – also

2 + 2 + 2 + 2 + 2 = 5 x 2 –, so wird beim Potenzieren ein Faktor wiederholt multipliziert: also 2 x 2 x 2 x 2 x 2 = 2 hoch 5. Daraus ergibt sich exponentielles Wachstum – und DAS ist richtig relevant für alle, die investieren (wollen).

In der Schule hast du bestimmt schon einmal Bekanntschaft mit Potenzrechnung gemacht, zum Beispiel als es darum ging, das Wachstum der Weltbevölkerung zu berechnen oder zu prognostizieren, wie schnell sich ein Virus ausbreiten wird. Der praktische Anwendungsfall beim Thema Finanzen ist aber viel interessanter, weil du hier berechnen kannst, wie sich dein Vermögen entwickeln wird, wenn du es auf bestimmte Art und Weise anlegst, und wie viel Geld dir in zehn, 20 oder auch 40 Jahren zur Verfügung stehen wird. Hier kommt der Zinseszinseffekt ins Spiel. Er ist eines der spannendsten Phänomene im Finanzbereich. Und er motiviert zu sparen und zu investieren – auch wenn du denkst, dass Mathematik nicht dein stärkstes Fach ist: Der Zinseszinseffekt tritt auf, wenn du Zinsen auf bereits erhaltene Zinsen bekommst. Dies führt zu dem bereits erwähnten exponentiellen Wachstum deines Geldes, was bedeutet, dass dein Geld immer schneller wächst, je länger du es investierst. Klingt kompliziert? Keine Sorge, es ist einfacher, als es auf den ersten Blick erscheint. In unseren Workshops bitten wir die Teilnehmerinnen häufig, ein kleines Gedankenexperiment mit uns durchzuführen. Stell dir vor, du musst folgende Entscheidung fällen: Entweder du bekommst jetzt sofort eine Million Euro auf die Hand, oder aber du bekommst heute nur einen einzigen Cent, dessen Wert sich allerdings einen Monat lang täglich verdoppelt – also ein Cent an Tag 1, zwei Cent an Tag 2, vier Cent an Tag 3, acht Cent an Tag 4 und so weiter. Wenn du die Wahl hast, heute eine Million Euro zu erhalten oder die sich verdoppelnden Beträge zu nehmen, was würdest du tun? Tatsächlich wählen die meisten Menschen, die das Beispiel noch nicht kennen, die erste Option, also eine Million Euro sofort. Das ist auch sehr menschlich und nachvollziehbar. Damit könnte man sich direkt ein schönes Leben machen, das Geld gut anlegen, müsste vielleicht nicht mehr so viel arbeiten, könnte sich ein Haus kaufen, sich selbst oder den Kindern einen Traum erfüllen. Eine Million Euro schenkt viele Freiheiten.

Tatsächlich ist es aber so, dass du mit der zweiten Variante – also den täglichen Verdopplungen deiner Beträge – innerhalb nur eines Monats mehr als zehnmal so viel Geld hättest, nämlich 10,7 Millionen Euro – dank des Zinseszinseffekts, bei dem Erträge aus einem Guthaben immer wieder mitverzinst werden. Unglaublich, oder? Hier ist der Beweis:

Wenn sich 1 Cent jeden Tag verdoppelt...

Tag	Betrag
1	0,01 €
2	0,02 €
3	0,04 €
4	0,08 €
5	0,16 €
6	0,32 €
7	0,64 €
8	1,28 €
9	2,56 €
10	5,12 €
11	10,24 €
12	20,48 €
13	40,96 €
14	81,92 €
15	163,84 €
16	327,68 €
17	655,36 €
18	1.310,72 €
19	2.621,44 €
20	5.242,88 €
21	10.485,76 €
22	20.971,52 €
23	41.943,04 €
24	83.886,08 €
25	167.772,16 €
26	335.544,32 €
27	671.088,64 €
28	1.342.177,28 €
29	2.684.354,56 €
30	5.368.709,12 €
31	10.737.418,24 €

UNSER FINANZ-HACK

Im Grunde zeigt das Beispiel, wie Vermögen mit einer Rendite von 100 Prozent verzinst wird, und zwar nicht wie eigentlich üblich pro Jahr, sondern täglich. Nicht gerade realistisch – das wissen wir –, aber eben sehr schön, um den Zinseszins und seine enorme Kraft eindrücklich zu veranschaulichen – und selbst auch zu nutzen. Dabei ist es gar nicht nötig, die einzelnen Schritte selbst im Kopf rechnen zu können, denn auch dafür gibt es Taschenrechner und Tools im Internet. Aber du solltest natürlich verstehen, was berechnet werden soll. Denn dann kannst du für dich rechnen – zum Beispiel in Sachen Vermögensaufbau.

Hier hast du mit dem Zinseszins nämlich einen tollen Verbündeten und kannst berechnen, wie sich deine Sparraten langfristig entwickeln. Selbst wenn du im Moment nur 25 Euro sparen kannst, das aber 40 Jahre lang machst und das Geld zu – sagen wir mal – konservativen fünf Prozent am Aktienmarkt investierst, hast du am Ende mehr als 37.000 Euro. Davon hast du lediglich 12.000 Euro selbst aufbringen müssen. 25.000 Euro wurden dir in Form von Kapitalerträgen – sprich Dividenden oder Zinsen – geschenkt. Das ist ziemlich cool, für alle verständlich und ein super Ansporn, selbst zu investieren – egal, ob du nun eine Eins oder eine Sechs in Mathe hattest. Wen interessiert das heute denn noch? Oder in 30 Jahren? Du hast jetzt die Gelegenheit, dir ein Vermögen aufzubauen. Worauf wartest du?

„GELD IST MÄNNER-SACHE"

t's a man's world – der Song des amerikanischen Musikers James Brown ist legendär. In seiner markanten Stimme besingt er den Lebensalltag im Jahr 1966: „Man made cars, man made electric light, man made boats ... and man makes money, to buy from other man."

Seit den 60ern hat sich zwar einiges verändert. Dennoch ist es bis zum heutigen Tage so, dass einflussreiche Positionen in Männerhand liegen. Wir leben nach wie vor in einer Welt, in der Männer entscheiden, wie viel Geld wofür ausgegeben wird, wo investiert wird, was getan und gelassen wird – und vor allem, wer Nachfolger:in auf dem eigenen Posten wird. In den allermeisten Fällen ebenfalls: ein Mann. Patriarchale Strukturen umgeben uns und prägen unser aller Leben.

Auf sämtlichen Ebenen unserer gesellschaftlichen, kulturellen und organisatorischen Systeme spielen Männer im Allgemeinen eine dominante Rolle in Bezug auf Macht und Autorität. Traditionell männliche Eigenschaften und Perspektiven werden darum noch immer höher bewertet als weibliche.

ZAHLEN LÜGEN NICHT!

Facts & Figures gefällig? Let's go! Von den zehn Regierungschefs der größten Volkswirtschaften der Welt ist aktuell keine einzige weiblich – Angela Merkel in Deutschland oder Theresa May in Großbritannien waren in der Vergangenheit eher Ausnahmen. Nur in zehn Prozent der Staaten, die Vollmitglied der Vereinten Nationen sind, regiert ein weibliches Staatsoberhaupt oder eine Regierungschefin, beispielsweise in Slowenien, Island oder Peru. Insgesamt leben nur sieben Prozent der Weltbevölkerung, etwa 500 Millionen Menschen, in Ländern, die von Frauen geführt werden – neben den gerade genannten Beispielen gehören dazu unter anderem auch Trinidad und Tobago, Honduras oder Tansania. Die USA, die größte Volkswirtschaft der Erde, hatte noch nie eine Präsidentin. Ebenso stand bei der US-Notenbank Fed, eine der einflussreichsten Institutionen der Welt, noch nie eine Frau an der Spitze. Die Europäische Zentralbank (EZB) hat immerhin seit 2019 mit Christine Lagarde eine Chefin. Sie ist die erste Frau in dieser Position – und fast allein auf weiter Flur: Im EZB-Rat, dem obersten Beschlussorgan der Europäischen Zentralbank, ist sie neben der Deutschen Isabel Schnabel die einzige Frau in dem 26-köpfigen Gremium.

In Deutschland sieht es nicht viel besser aus als weltweit: Lediglich eine Frau steht an der Spitze eines DAX-Konzerns – die Spanierin Belén Garijo, CEO des Chemie- und Pharmakonzerns Merck. Die übrigen 39 im Deutschen Aktienindex gelisteten Unternehmen werden von Männern geführt. Die Vorstandsposten der Frankfurter Börse sind zu 83 Prozent von Männern besetzt. Der Frauenanteil in den Geschäftsführungen der 100 größten deutschen Familienunternehmen liegt bei gerade einmal 8,3 Prozent. Und die Vorstandsmitglieder der 160 in DAX, MDAX und SDAX notierten Unternehmen sind zu 83 Prozent männlich. Etwas besser ist es immerhin mittlerweile um die Aufsichtsratsposten dieser Unternehmen bestellt. Hier saßen zum Stichtag 1. September 2023 insgesamt 631 Frauen und 1 119 Männer, was einem Frauenanteil von 36,1 Prozent entspricht. [17]

KINDER, KIRCHE, KÜCHE

Auch wenn es Anpassungen gibt und mittlerweile mehr Führungspositionen an Frauen vergeben werden, sprechen die Zahlen noch immer eine deutliche Sprache. Aber wie konnte es überhaupt zu diesen patriarchalen Strukturen kommen – immerhin sind wir Frauen, was die absoluten Zahlen angeht, nicht in der Minderheit, sondern machen die Hälfte der Weltbevölkerung aus?

Eine simple Antwort oder gar Lösung gibt es leider nicht. Viele gesellschaftliche, kulturelle und religiöse Systeme und Traditionen sind historisch gewachsen und haben sich mit der Zeit verfestigt. Nicht nur Historiker:innen wie Kai Michel, Co-Autor des Buches *Die Wahrheit über Eva*, in dem er gemeinsam mit dem Anthropologen Carel van Schaik die Erfindung der sozialen Ungleichheit zwischen

Frauen und Männern diskutiert, betonen, dass die Geschlechterungleichheit kulturell bedingt und nicht naturgegeben ist.

Laut den Wissenschaftler:innen begann die Schlechterstellung von Frauen erst mit der Neolithischen Revolution, also der Agrarrevolution. Damals, vor etwa 10 000 bis 12 000 Jahren, änderten die Menschen ihre Lebensweisen und wurden von Jägern und Sammlern zu sesshaften Bauern, die Felder bestellten und Vieh hielten. Dadurch entstanden und verfestigten sich ganz neue Rollenbilder. Gab es zuvor, als die Menschen noch nomadisch lebten, gar keine festen Geschlechterrollen (auch wenn das nach wie vor gerne angenommen wird), wurden Frauen nun durch häufigere Schwangerschaften und die Beteiligung an der knochenharten Feldarbeit gesundheitlich belastet, während Männer durch die Entstehung von Privateigentum und das Verteidigen von Land und Vorräten an Macht gewannen. Es war ihnen möglich, eine dominierende Rolle in der Arbeitsteilung zu übernehmen, mehr ins Außen zu gehen und durch ihre körperliche Kraft und Überlegenheit ihre soziale Position zu stärken, während Frauen durch die Schwangerschaften, Geburten, die Versorgung der Kinder, das Führen des Haushalts und die Feldarbeit an Haus und Hof gebunden waren.

Durch diese Kombination entwickelten sich patriarchale Strukturen, die sich schnell verfestigten. Konflikte und Kriege in dieser Zeit zementierten die Stärke der Männer und schwächten die Rolle der Frau weiter. In vielen Gesellschaften setzten sich damit im Laufe der Zeit die Überzeugungen fest, Männer seien Frauen nicht nur gesellschaftlich, sondern auch intellektuell überlegen und Frauen hätten sich ihnen unterzuordnen. Diese eindimensionalen Annahmen wurden durch Philosophie und Wissenschaft befeuert, was in verschiedenen Kulturen, einschließlich des antiken Griechenlands, Roms und Ägyptens, zu einem systematischen Ausschluss der Frauen von Macht und Bildung führte und einen Teufelskreis der Benachteiligung auslöste. Oft wurde die Diskriminierung von Frauen auch durch die Religion legitimiert, etwa durch den christlichen Sündenfall-Mythos. Traditionen wie Zwangsheiraten und auch die Mitgift, die fordert, dass die Familie der Braut der Familie des Bräutigams Geld oder andere kostbare Güter schenken muss, führten schon früher und führen bis heute in Teilen der Welt dazu, dass Mädchen abgetrieben, nach der Geburt getötet oder ausgesetzt werden – weil sich arme Familien die Aussteuer nicht leisten können, und umgekehrt ein Sohn mit seiner Frau im besten Fall eine Cashcow und Wohlstand in die Familie bringt.

Natürlich ist dies hier nur ein kurzer und schneller Abriss der geschichtlichen Entwicklungen und Ereignisse. Diese und viele weitere, über Jahrtausende gewachsene Machtgebilde wurden aber beibehalten, als sich Staaten und politische Institutionen entwickelten, und werden bis heute praktiziert. Verwunderlich ist das aus unserer Sicht nicht, wurden diese Institutionen doch hauptsächlich von Männern ersonnen und etabliert.

Seither werden die sozialen Normen, Werte und Traditionen, die zu diesem Machtgefüge führten, von Generation zu Generation weitergereicht – auch der Glaubenssatz „Geld ist Männersache" gehört zu diesem Erbe. Doch die soziale Ungleichheit zwischen Männern und Frauen ist ein kulturelles Phänomen, das veränderbar ist und sich im Umbruch befindet – kein naturgegebenes Fixum. In den vergangenen 150 Jahren forderten Frauen ihre Rechte nach und nach ein und erhielten – oder besser gesagt: erkämpften – sich in vielen Teilen der Welt den Zugang zu Bildung, zu gesellschaftlichem und politischem Einfluss.

Rate mal:

Seit wann dürfen Frauen ein eigenes Bankkonto haben?

    A) 1945

    B) 1953

    C) 1962

Seit wann dürfen Frauen Fußball spielen?

    A) 1955

    B) 1963

    C) 1970

Seit wann dürfen Frauen einer Erwerbsarbeit nachgehen, ohne ihren Ehemann um Erlaubnis fragen zu müssen?

    A) 1920

    B) 1977

    C) 1986

Um dir zu zeigen, wie jung viele der erreichten Meilensteine selbst hierzulande sind und dass du mit all deinen Antworten wahrscheinlich zu niedrig lagst, gibt es hier eine kleine Zeitleiste der Frauenrechte und Gleichberechtigung für dich:

1880er- bis 1890er-Jahre: In vielen westlichen Ländern erhalten Frauen allmählich das Recht zu studieren, und Frauenbewegungen beginnen, für das Wahlrecht zu kämpfen.

1918–1920: Nach dem Ersten Weltkrieg erhalten Frauen in Ländern wie Deutschland, Österreich, Großbritannien und den USA das Wahlrecht.

1945–1960er-Jahre: Weitere Länder, darunter Frankreich, Italien und Japan, gewähren Frauen das Wahlrecht.

1949: Am 8. Mai wird die Gleichberechtigung von Frauen und Männern in das deutsche Grundgesetz aufgenommen. Trotz dieser Veränderung werden die Bestimmungen im Gesetz noch nicht entsprechend angepasst. In der Realität der jungen deutschen Bundesrepublik dominiert weiterhin ein patriarchalisches Verständnis von Ehe und Familie. Dieses basiert nach wie vor auf den Regelungen des Bürgerlichen Gesetzbuches (BGB) von 1896, wonach der Mann als Oberhaupt der Familie gilt und in allen ehelichen Angelegenheiten letztinstanzlich entscheidet. Die Ehefrau ist weiterhin gesetzlich dazu verpflichtet, den Haushalt zu führen.

1952: Am 24. Januar wird das „Gesetz zum Schutz der erwerbstätigen Mutter" vom Deutschen Bundestag beschlossen. Werdende Mütter dürfen sechs Wochen vor und sechs Wochen nach der Geburt zu Hause bleiben. Während der gesamten Schwangerschaft brauchen sie keine körperlichen Arbeiten mehr zu verrichten, und auch Nacht- und Sonntagsarbeit sowie Kündigungen bis zu vier Monate nach der Geburt werden verboten.

1954: Frauen dürfen in Deutschland in den öffentlichen Dienst.

1957: Am 10. Mai wird das Lehrerinnen-Zölibat vom Bundesarbeitsgericht aufgehoben. Seit 1880 durften Lehrerinnen tatsächlich nicht heiraten, weil ihnen die Doppelbelastung von Familie und Beruf nicht zugetraut wurde. Außerdem sah die Frauenrolle etwas anderes vor als Frauen, die ihr Leben lang berufstätig sind. Frauen nahmen das Lehrerinnen-Zölibat also auf sich, um höhere Bildungseinrichtungen besuchen zu können. Heiratete eine Lehrerin, verlor sie ihre Stellung sowie jegliche Ansprüche auf ein Ruhegehalt.

1957: „Dem Manne steht die Entscheidung in allen das gemeinschaftliche eheliche Leben betreffenden Angelegenheiten zu." So lautete § 1354 des BGB, der sogenannte Gehorsamkeitsparagraf, der dem Mann in einer Ehe das Recht zur Entscheidung aller gemeinsamen Angelegenheiten zusprach. Am 18. Juni 1957 wird er ersatzlos gestrichen.

1962: Frauen dürfen ein eigenes Bankkonto eröffnen.

1970: „Im Kampf um den Ball verschwindet die weibliche Anmut, Körper und Seele erleiden unweigerlich Schaden und das Zuschaustellen des Körpers verletzt Schicklichkeit und Anstand", so die Begründung für ein Fußballverbot, das 1955 erlassen wurde. Nach fast 15 Jahren hebt der Deutsche Fußballbund es endlich auf.

1974: Paragraf 218 wird verabschiedet und der Schwangerschaftsabbruch in den ersten drei Monaten einer Schwangerschaft damit straffrei – kriminalisiert wird er heute leider immer noch.

1977: Die sogenannte Hausfrauenehe wird abgeschafft und durch das Partnerschaftsprinzip ersetzt. Ab jetzt gilt für die Ehe keine gesetzlich vorgeschriebene Aufgabenteilung mehr, diese ist den Eheleuten überlassen. Frauen dürfen erstmals ohne Erlaubnis ihres Mannes einer Arbeitsbeschäftigung nachgehen.

1994: Das Gleichberechtigungsgebot in Artikel 3 Absatz 2 im Grundgesetz wird ergänzt. Seit 1949 war die Formulierung „Männer und Frauen sind gleichberechtigt" Basis für die rechtliche Gleichstellung in Deutschland. Trotz vieler Fortschritte veränderte sich die soziale Wirklichkeit aber nur schleppend. Im November 1994 wird Artikel 3 deshalb um die Formulierung „Der Staat fördert die tatsächliche Durchsetzung der Gleichberechtigung von Frauen und Männern und wirkt auf die Beseitigung bestehender Nachteile hin" erweitert.

1997: Der Bundestag stimmt darüber ab, ob Vergewaltigung in der Ehe künftig strafbar sein soll – ist sie bislang nämlich nicht. 644 Abgeordnete stimmen mit Ja, 138 mit Nein, 35 enthalten sich.

2001: Militärische Laufbahnen bei der Bundeswehr werden für Frauen geöffnet.

2016: Seit dem 1. Januar gilt die feste Geschlechterquote von 30 Prozent für neu zu besetzende Aufsichtsratsposten in etwa 150 großen Unternehmen. Über 3 500 weitere Unternehmen sind ab diesem Zeitpunkt dazu verpflichtet, sich Zielgrößen zur Erhöhung des Frauenanteils zu setzen. Das Gleiche gilt für den öffentlichen Dienst.

Ja, es stimmt, in „nur" 150 Jahren wurden enorme gesetzliche wie gesellschaftliche Fortschritte gemacht. Dennoch: Bei der aktuellen Geschwindigkeit, mit der diskriminierende Gesetze abgeschafft und Lücken im rechtlichen Schutz von Frauen geschlossen werden, wird es noch fast 300 Jahre dauern, bis die Geschlechter wirklich gleichgestellt sind. So geht es aus dem Bericht „Gender

Snapshot 2022" der Vereinten Nationen hervor. Laut einer Studie des Weltwirtschaftsforums dauert es noch 132 Jahre.[18] Wie auch immer. Fest steht: Es geht zu langsam voran – vor allem, wenn man sich andere Länder anschaut:

Im südostasiatischen Sultanat Brunei besitzen Frauen bis heute kein Wahlrecht. Länder wie die Demokratische Republik Kongo, Ägypten, Irak, Nigeria oder Pakistan setzen das Recht auf Bildung für Mädchen nicht um. In zahlreichen Ländern der Erde – denken wir zum Beispiel an Indien, den Iran oder Afghanistan – sind Mädchen und Frauen noch immer nichts wert und müssen, wenn sie gegen die Machtstrukturen aufbegehren, um ihr Leben fürchten. In Indien kostet Diskriminierung laut einer Berechnung der SOS-Kinderdörfer jedes Jahr zwei Millionen Mädchen das Leben. Zwangsehen sind in vielen Teilen der Welt noch immer Alltag. Selbst in Ländern wie Ungarn, Rumänien, Serbien oder der Türkei finden mit der Zustimmung der Eltern Vermählungen von Minderjährigen statt. Und auch in Deutschland sind Mädchen und Frauen – zumeist mit Migrationshintergrund – regelmäßig davon betroffen.

IT'S A MAN'S WORLD – NOCH IMMER!

Macht ist männlich – im Kleinen wie im Großen. Männer haben Strukturen geschaffen, die sich selbst tragen und stärken. Und sie haben (dadurch) ein Machtinstrument zur Verfügung, das nicht zu unterschätzen ist: Geld. Geld verleiht Macht, und Macht bedeutet in der Regel auch einen Zugang zu Geld. Ein angenehmer

Kreislauf für diejenigen in Machtpositionen und eine gute Voraussetzung, um sie zu erhalten. Das gilt für den großen gesellschaftlichen, politischen und wirtschaftlichen Kontext ebenso wie für den kleinen häuslichen.

Sage und schreibe 37,2 Prozent der 30 bis 39 Jahre alten und 29,5 Prozent der 40 bis 49 Jahre alten Frauen in Deutschland sind laut des STYLEBOOK – Beauty Impact Report 2023, einer aktuellen Studie des Axel Springer Verlags, finanziell abhängig von einer anderen Person – meistens dem Partner. Jeweils 38,2 Prozent aller Frauen mit einem oder zwei Kindern würden bei einer plötzlichen Trennung von ihrem Partner finanzielle Probleme bekommen. Bei den Frauen mit drei oder mehr Kindern sind es sogar 47,1 Prozent. 13 Prozent aller befragten Frauen bleiben sogar aus finanziellen Gründen bei ihrem Partner, obwohl sie sich eigentlich trennen möchten. 14,9 Prozent der deutschen Frauen zwischen 30 und 39 Jahren besitzen kein eigenes Konto, 18,2 Prozent der gleichen Gruppe erhalten Haushalts- oder Taschengeld. [19]

Die Zahlen sind erschreckend, haben uns aber tatsächlich nicht besonders überrascht, denn viele dieser Frauen treffen wir in unseren Workshops – leider oft erst, wenn sich ein größeres finanzielles Problem bereits ergeben hat, sie einen Ausweg suchen aus der finanziellen Abhängigkeit und damit einem ungesunden Machtverhältnis entfliehen oder sich nach dem Tod oder der Trennung des Partners zum ersten Mal in ihrem Leben mit den eigenen Finanzen befassen (müssen).

Fest steht für uns in jedem Fall: Wer seinen Mann um Haushalts- oder gar Taschengeld bitten muss, ist abhängig – nicht nur von dessen Geldbeutel, sondern auch von dessen Gnade, seiner Laune und seinen Wünschen. Die Abhängigkeit, die damit einhergeht, wird – wenn sie unfreiwillig geschieht und einseitig ausgenutzt wird – auch als finanzielle Gewalt bezeichnet. Die Person, die über das Geld verfügen kann, sitzt – vor allem, wenn noch Kinder im Spiel und die Abhängigkeiten dadurch oft noch größer sind – am längeren Hebel und kann sich sowohl Dankbarkeit als auch Gefügigkeit erkaufen. Ob dies bewusst oder unbewusst geschieht, wer in einer Beziehung, sei es eine romantische, politische oder wirtschaftliche, am Geldhahn sitzt, hat die Macht und Entscheidungsgewalt und bestimmt, in welche Richtung es geht – beziehungsweise in welche eben nicht.

Im großen politischen Kontext kann man dies immer wieder beobachten, wenn es zu Konflikten oder gar Kriegen kommt, bei denen nicht selten wirtschaftliche Strategien, also Geld, eine größere Rolle spielen als Empathie, Gerechtigkeit und gesunder Menschenverstand. Im häuslichen und beruflichen Kontext können wir allen Frauen nur immer wieder ans Herz legen, ihre Finanzen selbst in die Hand zu nehmen. Mindestens einen Notgroschen in vernünftiger Höhe solltest du haben, einen Topf voll von „Fuck-You-Money", wie wir dieses Geld gerne nennen, das es dir ermöglicht, zu jedem Zeitpunkt aus jeder beliebigen Tür herauszuspazieren – sei es eine Wohnungs-, Haus- oder Bürotür.

KEINE FRAU HAT UNS JEMALS GESAGT: „SUPER, DASS ICH MICH NIE UM MEINE FINANZEN GEKÜMMERT HABE."

FINANZEN SIND FRAUENSACHE!

Was bedeutet das nun alles? Können wir mit etwas Erspartem auf der hohen Kante die Machtstrukturen und das patriarchale System aushebeln? Vielleicht nicht weltweit, aber für uns persönlich, für die Mikrostrukturen, in denen wir tagtäglich leben, schon. Dadurch, dass wir uns selbst um unsere Finanzen kümmern, bestimmen wir über unser Leben und erlangen wir Freiheit, die Freiheit, Nein sagen zu können, die Freiheit, die Richtung einzuschlagen, in die wir gehen wollen. Dadurch, dass wir uns selbst um unser Geld kümmern, es sparen und anlegen, verleihen wir uns selbst die Macht, in uns selbst zu investieren – in unsere Bildung, unser Wohlbefinden, unsere Gesundheit, unser Weiterkommen. Indem wir auch dem Bullshitsatz „Geld ist Männersache" einen kräftigen Arschtritt verpassen, befreien wir uns von einer Abhängigkeit, die uns in Strukturen gefangen hält, in denen wir uns nicht entfalten können, und die uns im schlimmsten Fall völlig hilflos zurücklässt, wenn der Geldtropf, an dem wir hängen – aus welchen Gründen auch immer – abgedreht wird.

Tatsächlich haben wir schon viele Frauen getroffen, denen genau das passiert ist, deren Mann sie verlassen hat oder viel zu früh verstorben ist. Keine von ihnen hat uns jemals gesagt: „Super, dass ich mich nie um meine Finanzen gekümmert habe." Im Gegenteil wünschten sich all diese Frauen immer, sie hätten sich beizeiten mit Geldanlage, Absicherung und Altersvorsorge beschäftigt und nicht alles ihrem Mann überlassen, denn nicht immer hat dieser die besten Entscheidungen für seine Frau getroffen, oft gehörten die gesamten Ersparnisse sogar ihm, da sie auf seinen Namen liefen.

Lange Rede, kurzer Sinn: Der Satz „Geld ist Männersache" gehört ein für alle Mal in die Mottenkiste. Denn Geld ist sehr wohl Frauensache. Das beweisen nicht zuletzt zahlreiche Studien. Unter anderem sind Frauen, wenn sie sich denn erst mal an die Börse getraut haben, die besseren Investor:innen und legen ihr Geld langfristig erfolgreicher und gewinnbringender an als Männer. Eine Studie der Fondsgesellschaft Fidelity Investments aus dem Jahr 2021 ergab beispielsweise, dass Frauen mit ihren Wertpapierdepots eine um 0,4 Prozentpunkte höhere Rendite erreichten als männliche Anleger. Die Forscher mutmaßten, dass die Gründe darin lagen, dass sich Frauen seltener überschätzen und länger an ihren Entscheidungen festhalten, statt sich von Marktschwankungen beeinflussen zu lassen. Auch unsere Erfahrung ist, dass Frauen im Umgang mit Geld weniger impulsiv sind, ihre Finanzentscheidungen besser durchdenken und insgesamt sparsamer sind. Zudem kennen sich deutsche Frauen laut einer umfassenden Studie des Versicherungskonzerns Allianz besser mit Finanzen aus als deutsche Männer. In der Befragung gaben 44 Prozent der Frauen und nur 38 Prozent der Männer an, sich gute Finanzentscheidungen zuzutrauen. [20]

UNSER EYE-OPENER FÜR DICH

Für uns ist das ein positives Signal und ein Schritt in die richtige Richtung. Und wem von euch das noch nicht reicht, um zu erkennen, dass wir Frauen Finanzen mindestens genauso gut können wie Männer, hier noch eine Quizfrage zum Schluss: Was hatten die Staaten in aller Welt, die die Coronakrise am besten managten und finanziell gut überstanden, gemeinsam? Richtig, Regierungschefinnen. Egal, ob die deutsche Kanzlerin Angela Merkel, die finnische Premierministerin Sanna Marin, die norwegische Regierungschefin Erna Solberg, die Isländerin Katrin Jakobsdottir oder die Dänin Mette Frederiksen – sie alle brachten ihre Länder behutsamer und erfolgreicher durch die Krise als männliche Staatschefs.

MINDESTENS EINEN NOTGROSCHEN SOLLTEST DU HABEN, EINEN TOPF VOLL VON „FUCK-YOU-MONEY", WIE WIR DAS GELD GERNE NENNEN, DAS ES DIR ERMÖGLICHT, ZU JEDEM ZEITPUNKT AUS JEDER BELIEBIGEN TÜR HERAUSZUSPAZIEREN – SEI ES EINE WOHNUNGS-, HAUS- ODER BÜROTÜR.

„MEIN MANN VERDIENT HALT BESSER"

„Ach ja, wir ziehen übrigens um", teilte unsere Freundin Merle uns in einem Nebensatz bei einem gemeinsamen Lunch mit. „Hä? Wie? Warum das denn?", fragte Astrid völlig perplex. Immerhin war Merle mit ihrer Familie erst vor Kurzem in eine richtig coole Dachgeschosswohnung mit Terrasse gezogen, in ihrem Wunschbezirk – und zwar, nachdem sie fast anderthalb Jahre nach etwas Passendem gesucht hatten. In Berlin eine schöne und zudem noch halbwegs bezahlbare Wohnung zu finden, insbesondere als Familie, ist mittlerweile sehr schwierig geworden – selbst für Gutverdienende. „Na ja, Kai hat einen neuen Job", rückte Merle endlich mit der Sprache heraus und schob dabei ein Stück Brokkoli mit der Gabel auf ihrem Teller hin und her, „in Trier." Wir starrten sie fassungslos an. „Wie bitte?" und „Soll das jetzt ein Scherz sein?" war alles, was uns im ersten Moment einfiel. „Es ist eine wirklich gute Stelle", beeilte Merle sich zu erklären, „er will das unbedingt machen." „Äh, okay. Und was ist mit dir?", brachte Daniela nach einer gefühlten Ewigkeit des Schockschweigens heraus. „Was ist denn mit deinem Job? Und deinen ganzen Freundinnen hier, deinem riesigen Netzwerk, der Kita und Schule von deinen Kindern? In Trier kennst du doch überhaupt niemanden." Zudem ist die Stadt – das hatten wir mittlerweile durch eine schnelle Google-Maps-Recherche herausgefunden – über acht Stunden Fahrtzeit von Berlin entfernt. „Ja, ich will hier ja auch gar nicht weg", gab Merle kleinlaut zu, „ich habe sogar ziemliche Angst vor diesem Schritt, aber es ist eine tolle Karrierechance für Kai. Und er verdient ja auch mehr als ich, da kann ich ja gar nichts machen."

Wir waren – gelinde gesagt – entsetzt. Und es kam noch schlimmer. Merle berichtete, dass sie bereits eine Wohnung vor Ort gefunden hätten – allerdings nicht direkt in Trier, sondern in einem kleinen Ort fast eine Stunde davon entfernt. Kai würde viermal die Woche mit der Bahn in die Stadt fahren und einen Tag Homeoffice machen. Merle würde ihren Job in Berlin – eine recht gut bezahlte Teilzeitstelle als Controllerin mit 25 Stunden in der Woche, die ihr zudem Spaß machte – kündigen. Einen neuen Job in Trier hatte sie noch nicht. „Das ginge ja auch gar nicht", erklärte sie schnell. „Die Kinder müssen sich ja erst mal einleben, und ich muss sie dort auch jeden Tag mit dem Auto zur Schule fahren und abholen."

Tatsächlich hatte Merle auch bis dato schon immer den Großteil der Care-Arbeit gewuppt und das ebenfalls stets damit begründet, dass ihr Mann ja so viel zu tun habe, weil er eben Vollzeit arbeiten würde und ja auch mehr Geld verdiente als sie. Das Perfide daran: Bevor Merle Kinder hatte, war sie diejenige, die das größere Gehalt auf dem Konto verbuchen konnte, die bereits in verschiedenen spannenden Jobs überall auf der Welt gearbeitet und die Karriereleiter bereits ein ordentliches Stück erklommen hatte. Dann kamen die Kinder, die Elternzeit, von der Kai tatsächlich keinen einzigen Monat machte, im Anschluss die Teilzeitjobs und das Argument „Mein Mann verdient halt besser", das fortan immer herangezogen wurde, wenn er irgendetwas wollte oder auch nicht. Der Glaubenssatz war ihr in Fleisch und Blut übergegangen, und sie stellte – ganz natürlich – all ihre eigenen Bedürfnisse und Wünsche dahinter zurück – auch, weil er teilweise von ihrem Umfeld genauso gelebt wurde. Und ja, sie nutzte ihn auch selbst als Ausrede, um Konflikte zu umgehen, keine eigenen, vielleicht unangenehmen Entscheidungen treffen und keine Verantwortung übernehmen zu müssen.

SEIN JOB, SEIN GELD, SEINE ENTSCHEIDUNG

Es war jedenfalls bereits beschlossene Sache, als sie uns von dem Umzug nach Rheinland-Pfalz berichtete – vielleicht, weil sie schon wusste, dass wir versuchen würden, ihr Alternativen aufzuzeigen, und den plötzlichen Umzug kritisch hinterfragen würden. Merle kündigte jedenfalls ihren Job, verließ die Stadt, in der sie sich seit dem Studium über Jahrzehnte ein berufliches wie privates Netzwerk aufgebaut hatte, in der sie Unterstützung mit ihren Kindern hatte, in der sie glücklich war und ihr alle Türen offenstanden – viel offener, als dies in ihrer künftigen Heimat der Fall sein würde. Alles, ohne am neuen Wohnort eine neue Arbeit oder auch nur die Aussicht darauf zu haben, im Grunde, ohne jemals dort gewesen zu sein. Das Schlimmste daran: Sie wollte das nicht. Aber sie kam gegen das Argument, das ihr Mann vorbrachte und das sich mittlerweile auch in ihr selbst manifestiert hatte und eine absolute innere Wahrheit für sie darstellte, einfach nicht an. Auch in Gesprächen in den Wochen vor ihrem Umzug sagte sie immer wieder – teils unter Tränen –, dass sie ja gar keine Wahl habe, denn Kai verdiene halt besser, und für die Familie wäre es darum die beste Entscheidung. Unsere Argumente, sie könne ja auf 40 Stunden aufstocken, dann würde sie fast genauso viel verdienen wie er, oder sie solle sich doch einen neuen, besser bezahlten Job suchen, zogen nicht. „Und wer kümmert sich dann um die Kinder?", fragte sie uns. „Kai hat ja so einen stressigen Job, der hat dafür keine Zeit. Und mit seinem neuen Job verdient er ja so viel, dass wir auch nur von seinem Gehalt leben könnten."

Das taten sie dann tatsächlich. Über viele Monate hinweg saß Merle fast die ganze Woche lang von morgens bis nachmittags allein zu Hause, kümmerte sich um die Kinder und wartete darauf, dass ihr Mann von der Arbeit kam. Vor Kurzem fand sie einen neuen Halbtagsjob, den sie größtenteils von daheim aus machen kann. Der Job sei okay, sagt sie, aber eigentlich ist sie völlig überqualifiziert und unterbezahlt. Aber er lenkt sie ab, und sie hat etwas zu tun. Immerhin hat sie jetzt wieder ein eigenes kleines Einkommen, sammelt ein paar Rentenpunkte. Ein Zuverdienst, wie sie es nennt. Irgendwann, wenn die Kinder größer sind, will sie vielleicht mal wieder in dem Job arbeiten, für den sie studiert, der ihr Freude, Geld und berufliche Anerkennung gebracht hat. „Ich bin nicht so happy", sagte sie uns erst kürzlich, „aber dem Kai macht sein Job solchen Spaß. Und mit seinem guten Gehalt können wir uns hier vielleicht auch mal ein eigenes Haus leisten." Oha!

„MEIN MANN VERDIENT HALT BESSER" IST UNSERER ERFAHRUNG NACH EINER DER ZERSTÖRERISCHSTEN GLAUBENSSÄTZE, WAS DIE UNABHÄNGIGKEIT VON FRAUEN BETRIFFT – UND LEIDER ZUGLEICH EINER DER WAHRSTEN.

CARE-ARBEIT
FOLGT KATASTROPHE

Wir hoffen, du, die du gerade dieses Kapitel liest, verstehst uns nicht falsch: Natürlich respektieren wir die Entscheidungen anderer Menschen, sowohl von unseren Freund:innen als auch von Fremden. Es gibt bestimmt Fälle, in denen auch der Mann für seine Frau ans andere Ende der Republik oder der Welt zieht, damit sie ihren Traumjob machen kann. Und es gibt bestimmt Paare, die superglücklich mit der Regelung sind, dass einer von beiden – meistens ist es noch immer die Frau – zu Hause bleibt oder Teilzeit arbeitet und die Care-Arbeit übernimmt. Aber wir wollen auch nicht verschweigen, dass wir sehr viele Frauen im Laufe der vergangenen Jahre, in denen wir uns intensiv mit dem Thema Female Finance beschäftigen, kennengelernt haben, die mit der Aufteilung früher oder später sehr unglücklich oder teilweise sogar mittellos waren. „Mein Mann verdient halt besser" ist daher unserer Erfahrung nach einer der zerstörerischsten Sätze, was die Unabhängigkeit von Frauen angeht – und leider zugleich einer der wahrsten.

In nur 35 Prozent der Paarfamilien mit einem Kind unter drei Jahren sind laut Statistischem Bundesamt[21] beide Elternteile erwerbstätig. Diese wählen am häufigsten ein Modell, bei dem der Vater in Vollzeit und die Mutter in Teilzeit arbeitet, wobei es in der Erwerbsbeteiligung der Elternteile nach wie vor große Unterschiede zwischen West und Ost gibt. In den westdeutschen Bundesländern teilte sich 2018 jedes vierte Elternpaar mit einem Kind unter drei Jahren die Erwerbsarbeit so auf, dass der Vater vollzeit-, die Mutter teilzeitbeschäftigt war. In Ostdeutschland wählte nur jedes fünfte Paar (20 Prozent) dieses Modell. Dort ist die

Vollzeitbeschäftigung beider Eltern mit 19 Prozent erheblich verbreiteter als im Westen mit nur sieben Prozent. Auch wenn man in den vergangenen zehn Jahren Zuwächse hinsichtlich der Erwerbstätigkeit beider Eltern verzeichnen konnte, gab es bei mehr als der Hälfte der Elternpaare einen männlichen Alleinverdiener (54 Prozent). Und wenn Kinder im Alter von unter einem Jahr in der Familie lebten, waren es sogar 78 Prozent.

Nun mag man meinen, dass es ja erst mal eine gute Idee ist, wenn man sich als Paar so organisiert, dass allen Bedürfnissen Rechnung getragen wird – eine:r verdient das Geld, kümmert sich ums Materielle, eine:r um den Haushalt, die Kinder, das Organisatorische. Gesellschaftlich verankert sieht es aber oft so aus: Männer sind Ernährer, Frauen werden als Fürsorgende angesehen, so hat es sich traditionell jahrtausendelang entwickelt. Auch in den Kapiteln 8 und 9 gehen wir darauf ein. Bis heute ist es nicht gelungen, diese Rollenbilder aus den Köpfen zu bekommen – nicht aus den männlichen und viel öfter, als man vielleicht denken mag, auch nicht aus den weiblichen. Soziale Erwartungen und anerzogene Überzeugungen sorgen dafür, dass sich Frauen dazu gedrängt oder verpflichtet fühlen, die Care-Arbeit zu übernehmen, da diese gesellschaftlich, aber nicht selten auch von ihnen selbst als ihre „natürliche" Rolle angesehen wird.

Klar, das Argument, dass es ja auch die Frauen sind, die die Kinder fast zehn Monate in sich tragen und nach der Geburt oftmals noch lange stillen, ist nicht von der Hand zu weisen. Auch wir haben Kinder und waren froh, dass wir hierzulande Elternzeit machen und Elterngeld bekommen konnten. Das soll natürlich auch jede Frau und jede Familie so machen, wie sie es für sich und ihr:e Kind:er für gut und richtig hält. Auch Teilzeit zu arbeiten ist keine Schande und absolut legitim. Aber jede Frau sollte sich bewusst machen, was es für ihre Karriere und ihre Rente bedeutet, wenn sie über längere Zeit aus dem Job aussteigt oder in Teilzeit tätig ist. Wir raten deshalb nicht davon ab, Kinder zu haben, wenn man welche haben möchte, aber wir raten sehr dazu, den Partner frühzeitig, im besten Fall schon bevor die Kinder da sind, mit ins Boot zu holen – auch wenn es im ersten Moment Diskussionen und vielleicht auch den einen oder anderen handfesten Streit mit sich bringt, die eigenen Standpunkte und Bedürfnisse zu vermitteln und ein gemeinsames, für beide Seiten faires Modell zu finden, bei der eine finanzielle Unabhängigkeit bestehen bleibt. Es mag auch sein, dass einer frischgebackenen Mutter eine naturgegebene Fürsorgefunktion zukommt, wenn sie beispielsweise stillt. Aber das heißt nicht, dass sie von diesem Tag an für nichts anderes mehr zu gebrauchen ist und „nur noch" als Mutter und Haushälterin „taugt". Und auch nicht, dass der Vater des Kindes nicht ebenso in der Pflicht ist, die anfallende Care-Arbeit zu gleichen Teilen zu wuppen. Männer, die sich, obwohl sie heutzutage die Möglichkeit haben, ebenfalls Elternzeit zu machen und in Teilzeit zu arbeiten, mit ihrer Karriere herausreden, um keine Care-Arbeit leisten und sich nicht um ihre Kinder kümmern zu müssen, sind für uns ein No-Go. Und genauso müssen wir als Frauen uns an die Nase fassen, wenn wir diese Rollenmodelle weiter mittragen und an die nächste Generation weitergeben. Das heißt: Bedürfnisse artikulieren, Lösungen suchen und Wege finden, die sich für alle Beteiligten gut anfühlen. Auch wenn das schwieriger ist, als es klingt, werden uns unsere Kinder allein für den Versuch dankbar sein.

VÄTER MIT VORBILDFUNKTION

Vor einigen Jahren sagte ein Kumpel, der gerade Papa geworden war, zu Daniela: „Also ich würde ja sehr gerne Elternzeit machen, aber dann bekomme ich nächstes Jahr vielleicht die Beförderung nicht." Vielleicht ist es Männern, die solche Sätze sagen, ja wirklich noch immer nicht bewusst, daher hier noch mal zum Einprägen: Genau so geht es Frauen, seit es Karrieren und Beförderungen gibt! Wir nehmen fast immer einen Karriereknick in Kauf, wenn wir Kinder bekommen. Auch Frauen machen sich Sorgen um ihre Karriere- und Gehaltsentwicklungen. Und je mehr Männer von ihrem Recht auf Elternzeit Gebrauch machen, umso normaler wird es auch für Unternehmen und die Gesellschaft. Schaut mal rüber nach Skandinavien, dort ist das schon lange ganz normal. 42 Prozent der Väter nehmen Elternzeit, und viele Firmen zahlen sogar noch einen Ausgleich zum Elterngeld on top. Diese Länder nehmen damit in der Familienpolitik eine Vorbildfunktion ein. Wie aktuelle Daten des Statistischen Bundesamtes zeigen, lag der Anteil der männlichen Elterngeldbezieher hierzulande zuletzt (Stand: 2022) bei gerade einmal 26,1 Prozent. Die durchschnittlich beantragte Anzahl an Elternzeitmonaten lag bei ihnen bei 3,6 Monaten. Bei Frauen hingegen lag der Wert bei 14,6 Monaten. [22] Der Weg zur Parität ist also noch weit. Etwas mehr männliche Entschlossenheit an dieser Stelle würde helfen und auch für mehr Zufriedenheit bei vielen Männern sorgen. Laut einer aktuellen Studie der Technischen Universität Braunschweig und der Fachhochschule Kiel möchten nämlich 60 Prozent der Väter gerne mehr Zeit mit ihren Kindern verbringen. Nur ein Drittel ist mit der aktuellen Situation zufrieden. Nur zwölf Prozent der befragten Papas halten es für ihre wichtigste Aufgabe, der Familie finanzielle Sicherheit zu geben. Dennoch nehmen aber noch immer knapp 80 Prozent der Mütter eine längere Elternzeit als ihr Partner, und lediglich jeder zehnte Vater ist bereit, mehr Aufgaben in der gemeinsamen Kindererziehung zu übernehmen als die Partnerin. [23] Alright, boys, verstehen wir, aber merkt ihr was? Das passt leider nicht so ganz zusammen. Aber wir erkennen an: Es scheint einen Wandel zu geben und immer mehr Männer, die bereit sind, umzudenken und neue Wege zu beschreiten.

Wer Kinder hat oder auch schon einmal kranke Angehörige gepflegt hat, die Eltern beispielsweise oder die Großeltern, weiß, wie zeitintensiv und auch kräftezehrend es sein kann, so fremdbestimmt zu sein und sich ständig nach den Bedürfnissen eines oder mehrerer anderer Menschen richten zu müssen und für deren Wohlergehen verantwortlich zu sein – selbst dann, wenn diese Aufgaben auch mit Freude und Dankbarkeit einhergehen. Wir sind, wie schon gesagt, selbst Mamas, mögen die Mutterrolle beide ebenfalls sehr und lieben unsere Kinder über alles. Nichts auf dieser Welt ist für uns wichtiger als das Wohlergehen dieser fünf kleinen großartigen Menschen. Und dennoch müssen wir es aufmachen: das Fass, das die gefährliche Suppe aus Glaubenssätzen, patriarchalen Strukturen und gesellschaftlichen Normen enthält. Care-Arbeit ist ein Vollzeitjob! Laut dem Bundesfamilienministerium [24] leisten Frauen in Deutschland jeden Tag im Schnitt 5,18 Stunden dieser unbezahlten Sorgearbeit. Bei Männern sind es nur 2,31. Dass die meisten Menschen nach fast fünfeinhalb Stunden Care-Arbeit pro Tag keine große Lust mehr auf eine vielleicht stressige Erwerbsarbeit haben und keinen Vollzeitjob von acht Stunden, gegebenenfalls plus Anfahrtswege, mehr wuppen wollen, ist wenig verwunderlich.

Aber dennoch gibt es Menschen, die es machen – weil sie aus finanziellen Gründen müssen, oder weil sie es können, weil sie beispielsweise familiäre Unterstützung durch Großeltern haben oder genügend verdienen, um sich Hilfe in Form von Haushaltssupport oder Kinderbetreuung zu holen. Das gängigste Modell, wie schon oben genannt, sieht allerdings so aus: Die Männer arbeiten in Vollzeit, die Frauen haben einen Teilzeitjob und schmeißen nebenbei den Haushalt. Laut einer Erhebung des Statistischen Amts der Europäischen Union vom 3. Quartal 2023 liegt die Teilzeitquote bei Frauen in Deutschland insgesamt bei 47,8 Prozent, bei Männern bei nur 11,3 Prozent. Höher ist diese Quote nur noch in den Niederlanden (63,7 Prozent), der Schweiz (59,9 Prozent) sowie in Österreich (49,7 Prozent). [25]

Diese Angaben beziehen sich natürlich auf alle Menschen im erwerbsfähigen Alter, egal, ob sie Kinder haben oder nicht. Schaut man sich die Zahlen gezielt für Eltern an, sieht man, dass dort die Unterschiede zwischen den Geschlechtern noch stärker ausgeprägt sind. Laut dem Statistischen Bundesamt waren 2022 67,5 Prozent aller Eltern mit Kindern unter sechs Jahren aktiv erwerbstätig. Dabei waren 92 Prozent der erwerbstätigen Väter vollzeitbeschäftigt, während nur acht Prozent einer Teilzeitarbeit nachgingen. Bei den Müttern war das Verhältnis umgekehrt. Von ihnen gingen 28,5 Prozent einer Vollzeit- und 71,5 Prozent einer Teilzeitbeschäftigung nach. Für Eltern mit Kindern über sechs Jahren sehen die Zahlen nicht gravierend anders aus. Hier arbeiten 63 Prozent der Mütter Teilzeit, aber nur 6,6 Prozent der Väter. [26]

BELÄCHELT STATT BEFÖRDERT

Jetzt könnte man sagen, soll doch jede und jeder selbst entscheiden, ist halt ein bewährtes Lebensmodell. Ist es aber leider nicht – zumindest nicht für die Frauen. Im Gegenteil zieht es einen ganzen Rattenschanz an gravierenden Folgen nach sich und beeinflusst beziehungsweise verschlechtert die finanzielle Situation von Frauen lebenslang und leider oft unwiderruflich. Wer in Teilzeit arbeitet, bekommt anteilig weniger Lohn.

Rechenbeispiel gefällig? Reduzierst du von 40 auf 30 Stunden, verringert sich dein Gehalt um 25 Prozent. Das wird oft insofern als positiv verkauft, als dass der Nettostundenlohn im Verhältnis zur Arbeitszeit dadurch höher ist. Da Steuern progressiv sind, sinkt – je nach Höhe des Lohns und der Steuerklasse – das Nettogehalt weniger stark als das Bruttogehalt. Aber das war es auch schon mit den guten Nachrichten zur Teilzeitarbeit – zumindest aus finanzieller Sicht. Denn insgesamt hast du weniger Geld zur Verfügung. Das bedeutet, dass sich deine finanziellen Möglichkeiten, um für dich selbst aktiv vorzusorgen, reduzieren. Laut des 2022 veröffentlichten „WTW Global Gender Wealth Equity Report" gehen Frauen im Schnitt mit nur 74 Prozent des angehäuften Vermögens ihrer männlichen Kollegen in den Ruhestand. [27] Interessanterweise steigt übrigens das sogenannte Gender Wealth Gap – also der Vermögensunterschied zwischen den Geschlechtern – mit steigendem Hierarchielevel. Frauen in leitenden Fach- und Führungspositionen haben im Gegensatz zu männlichen Kollegen in vergleichbaren Positionen am Ende ihres Arbeitslebens weniger als zwei Drittel (62 Prozent) des akkumulierten Vermögens zum Renteneintritt. Im mittleren Hierarchiebereich war der Wert mit 69 Prozent immer noch beträchtlich. Bei ausführenden Positionen liegt er bei 89 Prozent. Daraus kann man nun eine Vielzahl spannender Thesen aufstellen und Schlüsse ziehen, etwa, dass ein Mindestlohn Lohnungerechtigkeit beseitigen kann, dass das Lohngefälle zwischen Männern und Frauen auf höheren Hierarchieebenen drastischer zu sein scheint als an der Basis. Oder dass Frauen es sich in höherer Position finanziell eher leisten können, Teilzeit zu arbeiten und dadurch weniger zu verdienen. Am Ende haben Frauen in jedem Fall weniger Vermögen auf der hohen Kante – und das ist vor allem im Hinblick auf die Altersvorsorge ein Problem, denn privater Vermögensaufbau ist ein essenzieller Bestandteil von finanzieller Unabhängigkeit im Alter.

Vor diesem Hintergrund ist Teilzeitarbeit ebenfalls ein Problem: Wer weniger verdient, erhält weniger Rentenpunkte. Rentenpunkte sind aber zentraler Bestandteil des deutschen Rentensystems. Sie dienen dazu, die Höhe der Rente zu berechnen, die eine Person im Ruhestand erhalten wird. Für jedes Jahr, in dem eine Person Beiträge in die gesetzliche Rentenversicherung einzahlt, werden ihr Rentenpunkte entsprechend dem Verhältnis des individuellen Bruttojahreseinkommens zum durchschnittlichen Bruttojahreseinkommen aller Versicherten gutgeschrieben. Das Problem bei geringerem Verdienst ist, dass weniger Rentenpunkte gesammelt werden. Wenn jemand beispielsweise nur die Hälfte des Durchschnittseinkommens verdient, würde er pro Jahr nur 0,5 Rentenpunkte sammeln. Auch Auszeiten aus dem Job durch Erziehungs- und Pflegezeiten können sich negativ auf dem Rentenpunktekonto auswirken. Über die Arbeitsjahre hinweg summiert sich das zu einer deutlich geringeren Rentenansammlung als bei jemandem, der das

Durchschnittseinkommen oder mehr verdient und auch keine „Pausen" eingelegt hat. Insgesamt führen weniger gesammelte Rentenpunkte im Alter zu einer niedrigeren Rente.

MIND THE GAP!

Dieses Problem wird durch ein weiteres Gap verstärkt: das Gender Pay Gap, auch geschlechterspezifische Lohnlücke genannt. Tatsächlich verdienen Frauen im Durchschnitt noch immer weniger als Männer – selbst dann, wenn sie die gleiche Arbeit ausführen. Im Jahr 2022 erhielten Frauen hierzulande pro Stunde durchschnittlich 18 Prozent weniger Gehalt als Männer. Laut Statistischem Bundesamt erhielten Frauen mit durchschnittlich 20,05 Euro einen um 4,31 Euro geringeren Bruttostundenverdienst als Männer (24,36 Euro). Ursache für den Verdienstunterschied ist, dass Frauen häufiger in schlechter bezahlten Branchen, Berufen und Anforderungsniveaus sowie öfter in Teilzeit arbeiten. Doch nicht alles lässt sich damit erklären. Fallen die oben genannten Gründe aus der Bewertung heraus, hat man das sogenannte bereinigte Gender Pay Gap ermittelt. Und das liegt noch immer bei sieben Prozent. Heißt: Auch bei gleicher und vergleichbarer Tätigkeit, Arbeitszeit und Qualifikation verdienen Frauen hierzulande noch immer im Durchschnitt pro Stunde sieben Prozent weniger als Männer (Westdeutschland: sechs Prozent, Ostdeutschland: neun Prozent). Abgesehen davon, dass es sich hierbei um eine himmelschreiende Ungerechtigkeit handelt, hat dies natürlich auch Auswirkungen auf den Vermögensaufbau sowie auf das Rentenniveau, das stark vom durchschnittlichen Lebenseinkommen abhängt.

Frauen, die ihre Erwerbstätigkeit über mehrere Jahre hinweg unterbrechen, sammeln derweil nicht nur weniger Rentenpunkte, sondern auch weniger Berufsjahre, und verpassen dadurch Beförderungschancen. Vor allem ältere Wiedereinsteigerinnen sowie jene mit einer Erwerbsunterbrechung von mehr als fünf Jahren bekommen im Schnitt deutlich geringere Bruttogehälter. Häufig gelingt es ihnen nicht, auf derselben Stufe wiedereinzusteigen, auf der sie pausiert haben. Auch sind Frauen nach längerer Unterbrechung von sich aus oft bereit, Einkommensverzichte in Kauf zu nehmen, weil sie glücklich sind, überhaupt eine Stelle – oder am besten eine, bei der sich Beruf und Familie miteinander vereinbaren lassen – zu finden. Viele Personalleiter:innen machen Frauen, vor allem Berufsrückkehrerinnen, routiniert und notorisch geringer dotierte Gehaltsangebote als Männern mit gleicher Qualifikation. Auch, weil viele Frauen sich in Gehaltsverhandlungen oft defensiver verhalten als Männer, den Wert ihrer Arbeitskraft unterschätzen oder sich schlicht nicht trauen, genauso auf die Kacke zu hauen wie viele Männer in einem ähnlichen Gespräch. Wir haben es selbst oft genug erlebt, wenn Frauen sich bei uns um einen Job beworben, uns zuerst minutenlang erklärt haben, was sie alles nicht können und wir ihnen ihre tollen Qualifikationen quasi aus der Nase ziehen mussten. Im Gegensatz dazu behaupteten die meisten Männer, die bei uns vorsprachen, alles zu können, alles schon mal gemacht zu haben, und – falls sie zugaben, etwas noch nie gemacht zu haben – direkt beteuerten, dass sie es aber ganz easy sofort lernen und umsetzen könnten. Männer sind zudem eher bereit, den Arbeitgeber zu wechseln – womit oft auch Gehaltserhöhungen verbunden sind. Der Grund für die vergleichsweise geringere Wechselbereitschaft von Frauen liegt derweil nicht etwa an ihrer notorischen Unflexibilität, sondern an der schlichten Tatsache, dass viele erwerbstätige Frauen gleichzeitig Mütter sind, die sich nachmittags um Kinder und weitere Care-Arbeit kümmern und deren Jobauswahl dadurch recht beschränkt ist. Frauen können sich, insbesondere, wenn sie Mütter sind – oder, Gott bewahre, im gebärfähigen Alter –, nicht so frei auf Stellen bewerben wie Männer.

AUS DEM NÄHKÄSTCHEN

Noch immer werden viele Frauen in Bewerbungsgesprächen gefragt, ob sie Kinder haben oder ob sie gerne welche hätten – obwohl es verboten ist! Bei einer Freundin von uns war es gar die einzige Information, die sich die Personalerin in einem einstündigen Gespräch aufschrieb: „Ist Mutter von einem Kind." Als unsere Freundin sie direkt darauf ansprach und fragte, ob das die einzige interessante Information sei, die sie aus dem doch sehr vielseitigen Interview herausgefiltert habe, wurde diese puterrot, redete sich damit heraus, dass es doch ein wichtiges Detail sei, das noch nicht in ihrem Lebenslauf gestanden habe, und beendete dann schnell die Konversation. Unsere Freundin wurde, obwohl sie für den Job perfekt gepasst hätte und alle Qualifikationen erfüllte, nicht zu dem zuvor in Aussicht gestellten Zweitgespräch zum Kennenlernen des Teams eingeladen. Vielleicht wurde direkt der Vermerk „Aufmüpfige Mutti" in ihre Akte gestempelt.

Potenzielle Arbeitgeber hören übrigens auch bei jungen Frauen, die bis dato eine Topkarriere hingelegt haben, irgendwann die Uhr ticken und stellen lieber einen Mann ein. Ja, beweisen kann man das natürlich in den seltensten Fällen, denn man sitzt ja meistens allein in dem Jobtalk – in der Regel mit mindestens zwei oder drei Menschen auf der anderen Seite des Tisches. Aber die vielen Geschichten auch von jungen Frauen, die wir über die Jahre hören durften, legen es doch sehr nahe, dass es sich in sehr vielen Fällen ganz genau so verhält. Es gibt zudem noch immer nicht ausreichend Jobs, die eine gute Vereinbarkeit von Arbeit und Familie möglich machen – auch für Männer nicht. Jobsharing ist für die meisten Unternehmen in Deutschland nach wie vor absolut unvorstellbar. Teilzeitkräfte gelten noch immer als Arbeitskräfte zweiter Klasse – obwohl sie in vielen Fällen für eine Firma enormen Benefit bringen, weil sie weniger Kosten verursachen und gleichzeitig oft mehr Stunden arbeiten, als sie eigentlich laut Vertrag müssten.

UNSER GRÖSSTES
ZIEL IM LEBEN SOLL
ES SEIN, NICHT
IN ALTERSARMUT
ZU GERATEN UND
IRGENDWANN ARM
WIE EINE KIRCHEN-
MAUS ZU STERBEN.
ABER WAS IST MIT
GROSSEN TRÄUMEN,
MIT RICHTIG
COOLEN ZIELEN?

ALTERSARMUT IST WEIBLICH

Zusammengefasst lässt sich sagen, dass Frauen durch einen oft ohnehin schon geringeren Verdienst, gepaart mit der Tatsache, dass sie ihre Karriere für die Familie häufiger und länger unterbrechen, letztlich weniger Geld zum Sparen und Investieren haben, zudem weniger Rente bekommen. Hinzu kommt, dass Frauen eine längere Lebenserwartung haben, was natürlich grundsätzlich wundervoll ist. Es bedeutet aber auch, dass unsere privaten Ersparnisse, die im besten Fall unsere Rentenlücke ausgleichen oder zumindest minimieren, länger reichen müssen. Demnach müssten wir im Laufe unseres Erwerbslebens eigentlich sogar mehr Geld verdienen und anhäufen als Männer oder – und das ist leider eher der Fall – im Alter extrem sparsam oder gar in Armut leben.

In Deutschland beträgt die Armutsgefährdungsquote bei Frauen in der Bevölkerung 15,4 Prozent, bei Männern nur 13,9 Prozent. Mit zunehmendem Alter wird der Unterschied größer. In der Altersgruppe 65+ hatten Frauen eine Armutsgefährdungsquote von 20,3 Prozent, während diese bei den Männern 65+ bei 15,9 Prozent lag. Seniorinnen ab 75 Jahre waren zu 20,6 Prozent armutsgefährdet, während bei den Senioren dieser Altersgruppe die Quote 14,2 Prozent betrug.[28]

Es ist ein mittlerweile hinlänglich bekannter Fakt, dass Altersarmut weiblich ist. Wie oft haben wir das schon gehört und selbst auch gesagt? Ehrlicherweise können wir es schon fast selbst nicht mehr hören. Denn oft sind die Warnungen bereits zur Phrase geworden. Zudem sind sie wenig differenziert, recht polemisch, zu oft zitiert. Und zwar ohne dass etwas passiert ist, sich etwas dramatisch verändert hätte. Darüber hinaus machen sie Frauen klein, stellen sie in die Ecke der Bedürftigen, der Schwachen, der Unambitionierten. Klar, ein wichtiges Ziel im Leben sollte es sein, nicht in Altersarmut zu geraten und irgendwann arm wie eine Kirchenmaus zu sterben. Aber was ist mit großen Träumen, mit richtig coolen Zielen? „Ich will Altersreichtum" lautete die Überschrift eines Artikels in der ZEIT im Dezember 2023 – geschrieben von der Autorin Christiane von Hardenberg, die mit Aktien und Immobilien dafür sorgt, finanziell unabhängig zu sein. Ein Lebensabend in Reichtum, ein fettes Aktiendepot, das monatlich eine dicke Dividende abwirft, ein Haus am Meer, Reisen, gutes Essen, Sport, ein teures Hobby, für das man im Erwerbsleben zu wenig Zeit hatte. Vielleicht im Alter noch einer spannenden und erfüllenden Aufgabe nachgehen, das Wissen und die Weisheit, die man ein Leben lang angehäuft hat, nutzen. Etwas zurückgeben können, andere Menschen beim Vorankommen noch unterstützen können – mit Rat und Tat, aber auch finanziell. Oder auch einfach in der Hängematte im eigenen Garten liegen und es sich gut gehen lassen, Kinder und Enkel:innen beschenken können. Das klingt für uns nicht nur nach einem schönen, sondern auch nach einem absolut erreichbaren Lebensabend. Und zwar nicht nur für Männer, denen man es locker zutraut, wenn sie sagen, dass sie Millionär werden möchten.

AUS DEM NÄHKÄSTCHEN

Im Gegensatz dazu haben wir viel Spott und negative Kommentare geerntet, als wir auf einem Cover unseres *finanzielle*-Magazins die Schriftstellerin Mirna Funk mit der gleichen Aussage zitierten: „In fünf Jahren will ich

Millionärin sein". Auch auf einen unserer Artikel, in dem eine Frau berichtete, dass sie sich von 100 000 Euro unter anderem einen teuren Sportwagen kaufen würde, gab es böse Briefe. Ihr wurde Egoismus vorgeworfen. Sie würde ihr Geld verschleudern und solle doch besser etwas Sinnvolles damit tun, es spenden oder fürs Alter vorsorgen. Und überhaupt – was will sie denn mit einem Sportwagen, wie albern. Okay, jeder kann natürlich seine Meinung vertreten, fair enough. Wir würden uns auch keinen Sportwagen kaufen wollen. Aber: In all den Jahren, in denen wir für Finanzpublikationen gearbeitet haben, in denen zuhauf über Männer geschrieben wurde, die ihr Geld im Golfklub verprassen, für dicke Uhren und noch dickere Autos ausgeben, erhielten wir komischerweise nicht einen einzigen Kommentar, der dieses Verhalten kritisierte. Es wurde offenbar als normal empfunden, wohingegen eine Frau, die Millionärin werden möchte oder sich von ihrem – wohlgemerkt eigenen – Geld einen Ferrari kauft, Spott und Kritik ausgesetzt ist. Übrigens im gleichen Maße von Männern wie von Frauen. Talking about sisterhood, ladys!

„MEIN MANN VERDIENT HALT BESSER" BEGRÄBT ALLE ARGUMENTE MIT EINEM SCHLAG UND MACHT SELBST FRAUEN, DIE IHRE ARBEIT LIEBEN, DIE KARRIERE MACHEN WOLLEN UND FINDEN, IHR JOB UND IHRE ZUFRIEDENHEIT SEI GENAUSO WICHTIG WIE DIE DES MANNES, MUNDTOT.

Elternzeit aufteilen

Zum Schluss noch ein paar Hands-on-Tipps von uns. Denn es verläuft tatsächlich bei vielen Paaren ganz ähnlich: Beide leben eine gleichberechtigte Partnerschaft, beide verdienen ihr eigenes Geld, haben ein eigenes Konto, irgendwann vielleicht noch ein gemeinsames, von dem gemeinsame Kosten beglichen werden. Dann kommt ein Kind ins Spiel. Man überlegt, wie man die Elternzeit aufteilt. Verdient der Mann zu diesem Zeitpunkt bereits mehr als die Frau, etwa, weil er einige Jahre älter ist und die Karriereleiter schon etwas länger hochklettern konnte, oder weil sie beispielsweise in einem sozialen Beruf arbeitet und dadurch leider weniger Einkommen hat, ist die Diskussion meist schnell erledigt. „Mein Mann verdient halt besser" begräbt alle anderen Argumente mit einem Schlag und macht oft auch Frauen, die ihre Arbeit lieben, die Karriere machen wollen und eigentlich der Meinung sind, ihr Job und ihre Zufriedenheit sei doch genauso wichtig wie die des Mannes, mundtot. Zuverlässige und aktuelle Zahlen, in wie vielen Paarbeziehungen das der Fall ist, gibt es leider nicht. 2013 ermittelte das Statistische Bundesamt, dass nur in 13 Prozent der gemischtgeschlechtlichen Paare in Deutschland die Frau mehr verdient als der Mann. Bei zehn Prozent der Paare hatten die Partner ein ähnlich hohes Einkommen.

Beim Elterngeld bekommt der Part, der zu Hause bleibt, nur noch 67 Prozent des vorherigen Nettoeinkommens. Selbst für gut verdienende Paare, die meist auch entsprechend hohe Lebenshaltungskosten haben, ist das ein krasser finanzieller Einschnitt, zumal ja Kosten für das Kind hinzukommen und die längst nicht über das Kindergeld abgedeckt werden. Kein Wunder also, dass sich die meisten Paare dazu entscheiden, dass der Elternteil mit dem geringeren Einkommen zu Hause bleibt und der mit dem höheren Einkommen die Familie ernährt. So weit, so logisch und für viele junge Eltern tatsächlich auch gar nicht anders machbar. Natürlich wollen viele Frauen auch gerne eine gewisse Zeit mit dem Kind zu Hause bleiben – uns beiden war das ebenfalls wichtig.

Finanziellen Ausgleich schaffen

In jedem Fall ist es entscheidend, als Paar eine gemeinsame Lösung zu finden, bei der die Frau nicht finanziell auf der Strecke bleibt und von dem Moment an, in dem sie Mutter wird, von ihrem Partner abhängig ist. Zuallererst ist es darum wichtig, mit dem Partner offen über Geld und das Thema Care-Arbeit und deren Aufteilung zu sprechen und ihm die langfristigen Konsequenzen aufzuzeigen – am besten mit Zahlen und Fakten. Vielen Männern sind die negativen Auswirkungen, die lange Auszeiten und Teilzeitarbeit auf ihre Partnerin haben werden, nicht einmal bewusst. Die wenigsten von ihnen werden den Gedanken, ihre Partnerin irgendwann von Altersarmut betroffen zu sehen, gut finden. Vor allem, wenn man ihnen aufzeigt, was passiert, wenn sein Einkommen wegfallen sollte – durch Arbeitslosigkeit, eine

Trennung oder gar Tod. Ja, das sind schwere Themen, für die man sich aber Zeit nehmen muss und die in einer ruhigen Situation und gerne auch geplant besprochen werden sollten. Langfristig sorgen unserer Erfahrung nach offene Gespräche über diese Themen nämlich für mehr Verständnis füreinander, eine faire, finanziell ausgeglichenere und insgesamt zufriedenere Partnerschaft.

Eine Möglichkeit, die ihr als Elternpaar wählen könntet, wäre eine Ausgleichszahlung, die vom Partner beispielsweise in einen ETF-Sparplan eingezahlt wird, solange die Partnerin für die Kinder zu Hause bleibt, in Teilzeit oder der Familie zuliebe in einem unterbezahlten Job arbeitet.

Hilfe in Anspruch nehmen

Zurückstecken muss man in jeder Partnerschaft ab und an. Aber es sollte beide Partner gleichermaßen betreffen und nicht nur dich als Frau. Kompromisse sollten geschlossen und Lösungen gefunden werden. Für Daniela hat es zum Beispiel Sinn gemacht, dass ihr Mann und sie drei Jahre lang eine Kinderfrau bezahlt haben, die dreimal in der Woche ihre drei Kinder versorgte. Dafür haben sie gemeinsam monatlich einen Betrag ausgegeben, der fast so hoch war wie das Nettoeinkommen, das Daniela monatlich verdiente. Das scheint erst mal unsinnig zu sein. Aber: Daniela konnte in dieser Zeit ihr Unternehmen weiter aufbauen, Rentenpunkte sammeln und ihre Karriere vorantreiben. Gleichzeitig wussten beide ihre Kinder gut versorgt und liebevoll betreut.

Kompromisse schließen

Zudem verkürzte Danielas Mann seine Arbeitszeit auf 80 Prozent, sodass auch er unter der Woche die Kinder mal abholen und Zeit mit ihnen verbringen konnte. Astrid hat wiederum das Glück, ihre Eltern direkt um die Ecke zu haben, die ihr regelmäßig einen Teil der Care-Arbeit abnehmen können. Und sie hat mit ihrem Partner klare Vereinbarungen getroffen, wer im Haushalt welche Aufgaben übernimmt. Unserer Erfahrung nach hat die ganze Familie etwas davon, wenn sich die Eltern gegenseitig supporten in dem, was sie machen müssen und gerne tun wollen. Auch die Karriere der Frau ist wichtig, selbst wenn sie weniger verdient. Die eigene Arbeit lässt sich nämlich nicht nur an dem Geldeingang auf dem Konto bemessen, sondern hat einen ganz eigenen Wert – für die Gesellschaft, für die eigene Zukunft, die eigene Zufriedenheit und letztlich auch die Zufriedenheit des Partners und die der Familie!

„ICH HEIRATE EINFACH REICH"

Anfang 2001 lieferten sich SAT.1 und RTL mit großem Tamtam ein Duell um ein, nun ja, interessantes TV-Format. SAT.1 machte für die neue Sendung „Wer heiratet den Millionär?" schon Wochen vor der Ausstrahlung Werbung. RTL plante im stillen Kämmerchen, nutzte die durch die Konkurrenz generierte Aufmerksamkeit und kündigte sein Äquivalent „Ich heirate einen Millionär" erst anderthalb Tage vor Sendungsstart an – zwei Tage früher als SAT.1. Die Idee hinter beiden Formaten war dieselbe: eine Kuppelshow, bei der mehrere Frauen um einen Kandidaten buhlen und mit ihren Reizen von sich überzeugen sollten. Der Mann musste derweil nur eins mitbringen: Geld.

Es war vor allem die Idee hinter der Sendung, die – zu Recht – für eine gehörige Portion Unmut sorgte: Reicher Dude pickt sich aus einem Pool normschöner Frauen seine Prinzessin heraus, der es ganz offensichtlich ebenfalls vor allem um eines geht: seine Kohle. Wahrscheinlich standen sich hier beide Seiten in nichts nach, jedenfalls wussten alle Beteiligten, worauf sie sich einlassen würden. Fair enough. Das Bild, das dieses TV-Format allerdings vermittelt, ist – darüber müssen wir vermutlich nicht lange streiten – mehr als fraglich: Alles, was zählt, sind Kontostand (bei ihm) und Körbchengröße (bei ihr). Das Klischee „Ich Tarzan, du Jane" lässt grüßen.

Die Kombi „Reiche Frau sucht knackigen Kerl" würden wir vielleicht unterhaltsamer, weil überraschender finden – den Fokus auf Geld als Attribut bei der Partner:innenwahl aber genauso kritisch sehen. Denn in erster Linie muss man sich angesichts solcher Sendungen, die ja offenbar eine gesellschaftlich anerkannte Norm spiegeln, ernsthaft fragen, welche Opfer Menschen bereit sind, für Geld und ein scheinbar sorgloses Leben in Reichtum zu erbringen. Das gilt nicht nur für die Kandidat:innen in der Kuppelshow, sondern auch für all jene, die den Bullshitsatz „Ich heirate einfach reich" zu ihrem Lebens- beziehungsweise vielmehr „Liebes"-Motto machen. Geld – das haben zahlreiche Studien gezeigt – macht nicht zwingend glücklicher – insbesondere dann nicht, wenn man dafür täglich neben einem Menschen aufwacht, den man einfach nicht liebt und vielleicht nicht mal besonders gut leiden kann. Der einem im besten Fall egal ist, einen im schlimmsten Fall aber respektlos behandelt, für den man eine Rolle spielen und jemand sein muss, der man gar nicht ist.

Für uns und vermutlich die allermeisten anderen Menschen – zumindest diejenigen, die das Glück haben, in Ländern zu leben, in denen man die Freiheit hat, selbst zu entscheiden, mit wem man zusammen sein möchte – ist die freie Wahl eines festen Partners oder einer Partnerin selbstverständlich – und: eine der grundlegendsten und zugleich prägendsten Entscheidungen des

Lebens. Sie beeinflusst nicht nur unseren Lebensweg, sondern formt auch unser Sein, unser persönliches Glück und unsere Zukunft. Um diese Entscheidung treffen zu können, müssen wir herausfinden, was uns wirklich wichtig ist – und zwar nicht nur kurzfristig. Im Gegenteil müssen wir eine Beziehung gestalten, in der beide Partner:innen langfristig Erfüllung finden und die auf gemeinsamen moralischen Werten, ähnlichen Lebenszielen, Verständnis und Respekt füreinander basiert. Aber Geld?

SORGENFREI DANK KUPPELEI

Wir wollen ehrlich sein: Als Nachteil wird Wohlstand beim Partner oder der Partnerin auf den ersten Blick sicherlich erst mal nicht empfunden – und zwar durchaus aus nachvollziehbaren Gründen. Die Vorstellung, eine:n wohlhabene:n Partner:in zu heiraten oder eine Beziehung mit ihr oder ihm zu führen, kann durchaus reizvoll sein – insbesondere, wenn auch die anderen wichtigen Beziehungsfaktoren stimmen. Reichtum verspricht ein Leben mit Leichtigkeit, Spaß, Komfort, Sicherheit und Sorglosigkeit – zumindest was die finanzielle Existenz angeht. Ganz ehrlich: Wie toll wäre es, wenn man den Mann oder die Frau der Träume trifft und zugleich alle finanziellen Sorgen los wäre, weil der oder die Partner:in fortan für die materielle Absicherung Sorge trägt? Es gäbe mehr „kann" im Leben und viel weniger „muss". Ich kann morgens aufstehen, muss aber nicht – ohne jobmäßige Konsequenzen zu fürchten. Ich kann arbeiten – muss aber nicht – und werde trotzdem ein Dach über den Kopf haben. Ich kann mir selbst was kochen, muss aber nicht, denn ein Restaurantbesuch ist kein Problem. Reich zu heiraten und sich um Geld keine

Sorgen machen zu müssen klingt auf den ersten Blick verlockend. Oft bringt Geld zudem einen Status mit sich, der weitere Vorteile bereithält, der Türen zu ganz neuen sozialen Kreisen öffnen kann, Zugang zu exklusiven Erfahrungen und Netzwerken bietet und damit auch spannende Karrierechancen eröffnet, so man diese überhaupt nutzen will. Gerade für jemanden, der aus einem weniger privilegierten Umfeld stammt, kann dies wie das Tor ins Paradies wirken und ein Sprungbrett sein, um schneller und leichter berufliche und soziale Erfolge zu erzielen oder einfach das Leben ohne großen Aufwand genießen zu können. In einer Beziehung zu leben, in der Geld keine Rolle spielt, ist also vermutlich erst mal besser als eine Partnerschaft, in der Geldsorgen an der Tagesordnung sind, man jeden Cent dreimal umdrehen muss und nachts nicht mehr schläft, weil die nächste Mietzahlung kaum zu stemmen ist. Aber geht es beim „reich heiraten" wirklich um Reichtum? Ist nicht eher das Ziel der finanziellen Absicherung Hintergrund des Gedankens? Und: Sollte diese tatsächlich das primäre Ziel einer Partnerschaft sein?

Die Frage, die wir uns ebenfalls stellen, ist: Woher kommt dieses Bild eigentlich? Warum scheint es – insbesondere für Frauen – als erstrebenswert zu gelten, einen Partner mit möglichst hohem finanziellen und gesellschaftlichen Status zu suchen?

In der Evolutionspsychologie finden wir einen Erklärungsansatz, der uns aufhorchen lässt und gleichzeitig wenig überrascht. Danach wird die Maximierung des Reproduktionserfolgs als zentrales Kriterium für die Partnerwahl angesehen. Sprich: Es sollen so viele Nachkommen gezeugt werden wie möglich, um das Überleben zu sichern. Um das zu erreichen, legen Männer und Frauen jedoch unterschiedliche Maßstäbe an, was die Wahl des Partners beziehungsweise der Partnerin angeht. Frauen können nur eine begrenzte Zahl an Kindern bekommen, sodass ihr Fokus darauf liegt, einen „Versorger" an ihrer Seite zu haben, der das Heranwachsen der Nachkommen garantieren kann. [29] Aus dieser Perspektive ist es für Frauen also immer klüger, weniger auf äußere Reize zu achten als auf den sozioökonomischen Status des Partners. Ein Mann hingegen kann weniger selektiv vorgehen, was den Status angeht. Im Gegensatz zur Frau ist er in der Lage, deutlich mehr und länger Kinder zu zeugen. Er braucht als Auswahlkriterium für eine Partnerin vor allem ein Signal: physische Attraktivität, sprich, einen Körper, der in der Lage ist, seine Kinder auszutragen und zu versorgen. Womit wir wieder bei den Kuppelshows wären, die diese evolutionspsychologischen Erklärungsansätze zur Basis ihrer Konzepte gemacht haben. „Millionär" ist hierbei nichts anderes als ein Synonym für Topversorger, entsprechend verstehen wir den Bullshitsatz dieses Kapitels „Ich heirate einfach reich" auch als „Ich heirate einfach, um gut versorgt zu sein".

Glaubt man der Evolutionspsychologie, werden erfolgreiche Kriterien der Partnerwahl über Tausende Generationen weitergegeben – und mitunter kulturell manifestiert. Tatsächlich spielen beispielsweise arrangierte Ehen – wie in Kapitel 7 bereits angeschnitten – in vielen Kulturen bis heute eine große Rolle, gelten sie doch als die beste Möglichkeit, die eigenen Kinder unter die Haube zu bringen und die Familie finanziell abzusichern. Liebe ist vielleicht ab und an auch im Spiel, ihr kam und kommt bei arrangierten Ehen aber meist keine entscheidende Rolle bei der Wahl von Braut oder Bräutigam zu. Bei manchen Paaren entwickelt sie sich mit der Zeit und der Gewöhnung aneinander – so haben es uns zumindest einige Menschen aus Kulturen erzählt, in denen Ehen häufig noch von den Eltern oder anderen Verwandten organisiert werden und die zum Teil selbst in einer solchen Ehe leben. Uns ist durchaus bewusst, dass es in unserer Gesellschaft immer noch viele Menschen gibt, die zwar vor dem Gesetz die freie Wahl haben, wen sie als Partner:in haben wollen, diese aber nicht nutzen können, weil es anderslautende familiäre Erwartungen gibt, denen sie sich nur selten entziehen können oder die sie aufgrund ihrer Erziehung selbst für den besten Weg halten.

Zu unterscheiden ist hierbei zwischen arrangierten Ehen, die beispielsweise auch hierzulande erlaubt sind, sofern beide Partner:innen mit der Heirat einverstanden sind, und den Zwangsehen, bei denen die Partner:innen kein Mitspracherecht haben und die bei uns verboten sind. Im Jahr 2022 gab es in Deutschland insgesamt 67 polizeilich erfasste Fälle von Zwangsheirat. Die Dunkelziffer liegt vermutlich darüber. Doch was heute als Straftat gilt, war früher auch in unseren Kreisen deutlich verbreiteter, arrangierte Ehen waren sogar die Normalität. Neben dem Erhalt des Ansehens der Familie und des Status hatten diese Ehen ein Ziel: die Absicherung des Nachwuchses, vor allem der männlichen Erben. Aber auch für Frauen war besonders im Mittelalter die Ehe eine der wenigen finanziellen Absicherungsmöglichkeiten. Gleichzeitig war die Frau innerhalb der Ehe nicht rechtsfähig und hatte ihrem Mann zu gehorchen. Frauen waren davon abhängig, wie ihr Mann sie behandelte. Wie er wirtschaftete, welche Besitztümer er hatte und anhäufen konnte, bestimmte in der Regel auch ihren Lebensstandard. Es war also – obwohl die Frau ihrem Mann unterworfen war – in gewisser Hinsicht ein nachvollziehbares Ziel, so zu heiraten, dass die finanzielle Absicherung der Frau beziehungsweise der Familie gewahrt war und man sich wenigstens nicht verschlechterte. Dass dieses Ansinnen bis heute in den Köpfen vieler Frauen und auch Männer noch Bestand hat, ist sicherlich darauf zurückzuführen, dass ein kulturelles Erbe sich nicht einfach abschütteln lässt, insbesondere, wenn in der Bundesrepublik erst im Jahr 1976 die vorherrschende rollenfixierte „Hausfrauenehe" abgeschafft und es den Ehepartnern offiziell gestattet war, sich Haushalt und Beruf nach freier Gestaltung und gleichberechtigt aufzuteilen. Es ist also noch nicht so lange her, dass eine Frau ohne die Einwilligung ihres Mannes nicht arbeiten und auch kein Konto eröffnen durfte (siehe dazu auch die Chronologie der Entwicklung der Frauenrechte in Kapitel 7). Sogenannte Hausfrauen- oder Versorgungsehen werden in Deutschland dennoch immer weniger, und Studien zeigen, dass die traditionellen Partnerwahlpräferenzen deutlich weniger ausgeprägt sind, wenn es ein hohes Maß an Gleichstellung in einer Kultur gibt. Demnach sei die Präferenz der Frauen für Partner mit Status, Macht und Vermögen auf eine relative Benachteiligung dieser Frauen zurückzuführen.[30] Je ähnlicher die Rollenbilder von Mann und Frau sind, desto weniger relevant müssten solche Präferenzen also sein. Nun ja, tatsächlich gibt es auch hierfür Untersuchungen, die diese Tendenz belegen. Bis heute ist, wie wir schon in Kapitel 8 diskutiert haben, in den meisten Beziehungen jedoch noch immer der Mann der Besserverdienende und der Versorger der Familie, während Frauen sich vorrangig um Haushalt und Kinder kümmern und eher als Zuverdienerinnen angesehen werden, die das Haushaltseinkommen aufbessern.

AUS DEM NÄHKÄSTCHEN

Gerade erst berichtete uns eine unserer Leserinnen in einem langen Gespräch, dass sie jahrzehntelang ihr gesamtes monatliches Einkommen für den täglichen Bedarf, für Lebensmittel, die Kleidung und Hobbys der Kinder ausgegeben habe, während ihr Mann, der weit überdurchschnittlich verdiente, im Gegenzug den Kredit für die, wie sie glaubte, gemeinsame Wohnung abbezahlte. Bei der Trennung stellte sich jedoch heraus, dass die Wohnung allein auf seinen Namen lief und sie auch, da er allein den Kredit getilgt hatte, keinen Anspruch auf eine Auszahlung hatte. Zudem hatte er, während sie jahrelang keinen Cent zum Sparen oder Investieren übrig hatte, da alles für die Familienkosten draufging, fleißig ein Aktiendepot aufgebaut, das ebenfalls nur ihm gehörte.

TRÜGERISCHE ABSICHERUNG

Vor allem während unserer Elternzeit, in der wir viel Kontakt zu anderen Müttern hatten, trafen wir immer wieder eloquente, selbstbewusste und top ausgebildete Frauen, die im ersten Schritt mit ihrer Heirat und im nächsten mit ihrer Mutterrolle die eigenen finanziellen und beruflichen Ziele komplett aufgegeben beziehungsweise in die Hände ihrer Männer gelegt und sich damit – manche unbewusst, andere sehenden Auges – von ihrem Partner finanziell abhängig gemacht haben. Wir wollen das auch gar nicht verurteilen, denn uns ist natürlich bewusst, unter welchem Erwartungsdruck Frauen gesellschaftlich wie beruflich stehen und welchen Spagat viele von ihnen leider noch immer hinlegen müssen, vor allem, wenn sie Mütter werden. Aber wir wollen und müssen – denn sonst hätten wir uns das Schreiben dieses Buches auch sparen können – vor der Abhängigkeit warnen, in die man sich begibt, wenn man in eine Ehe oder Beziehung die Hoffnung oder Erwartung legt, der Partner oder die Partnerin sei die finanzielle Absicherung fürs Alter und würde einen für den Rest des Lebens mit Geld und Gütern versorgen.

AUS DEM NÄHKÄSTCHEN

Ein Beispiel, das Astrid bis heute beschäftigt, ist die Geschichte einer ihrer besten Freundinnen, die ihr Studium mit Bestnoten abschloss, danach die Karriereleiter erklomm, tolle Ideen, Ambitionen und Möglichkeiten hatte, die Frau ihrer Träume kennenlernte, mit ihr dank einer Samenspende Kinder bekam und sich entschied, zu Hause zu bleiben, um sich um Haushalt und die Kinder zu kümmern – weil ihre Partnerin so viel verdiente und familiär bedingt bereits ein hohes Vermögen besaß, dass die Familie allein von diesen Einkünften sorgenfrei leben konnte. Doch die Beziehung ging in die Brüche. Seither arbeitet Astrids Freundin in Aushilfsjobs, mit denen sie sich gerade so über Wasser halten kann. Nach über zehn Jahren, in denen sie nicht gearbeitet hatte, fand sie den Einstieg in ihren früheren Job einfach nicht mehr. Da sie jahrelang kein eigenes Geld verdient hatte, sondern davon ausgegangen war, finanziell abgesichert zu sein, hatte sie auch nie für sich selbst Geld zurückgelegt oder gar investiert – wovon auch?

NUR MIT OFFENHEIT, TRANS-PARENZ UND EHRLICHKEIT, WAS DIE ERWARTUNGEN ODER AUCH DIE ÄNGSTE BEIM THEMA GELD ANGEHT, WIRD MAN, UNSERER ERFAH-RUNG NACH, EINE BEZIEHUNG AUF AUGENHÖHE FÜHREN KÖNNEN.

ZIEL NO. 1: UNABHÄNGIGKEIT!

Leider kennen wir mittlerweile, vor allem aus unseren Workshops, zu viele Frauen, die irgendwann erfahren mussten, dass
ihr Partner oder ihre Partnerin lediglich das eigene und nicht ihr
finanzielles Wohl und oft leider nicht mal das der gemeinsamen
Kinder angestrebt oder auch nur mitgedacht hat, sie sich aber
voll und ganz darauf verlassen hatten und plötzlich vor einem
finanziellen Desaster standen. Selbst Frauen, die zuvor in Wohlstand gelebt und geglaubt hatten, sie wären für alle Zeit abgesichert, waren plötzlich auf Hartz IV angewiesen.

So dramatisch muss es natürlich nicht enden. Und nur, damit
ihr es nicht falsch versteht: Wir haben nichts gegen feste Partner-
schaften und Ehen, die gleichberechtigt und modern geführt werden. Daniela ist selbst verheiratet und sehr glücklich mit diesem
Modell. Aber wir warnen davor, die Ehe – überhaupt Beziehungen
im Allgemeinen – als materielles Versorgungswerk zu sehen, sich
zu sehr auf sie zu verlassen und mit der Heirat eigene Ambitionen
und Möglichkeiten komplett über Bord zu werfen – auch wenn
Partner oder Partnerin gut verdienen oder gar reich sind. Ehen und
Beziehungen können scheitern. 293 von 1 000 Ehen wurden beispielsweise 2022 in Deutschland laut Statistischem Bundesamt
geschieden. Natürlich möchte man sich so etwas auf keinen Fall
vorstellen und rechnet in Phasen frischer Verliebtheit auch nicht
damit, doch es kann passieren, dass der Partner oder die Partnerin
schwer krank wird, den Job verliert oder gar stirbt. Manche Menschen, das wissen wir alle, auch wenn wir es im Alltag natürlich
gerne verdrängen, erreichen leider nie (gemeinsam) das Renten-
alter. Natürlich erbt man als Ehepartner:in in so einem Fall, als
unverheiratete Partner:in nicht unbedingt. Das Erbrecht ist eine

sehr komplexe und komplizierte Angelegenheit. Unabhängig davon muss man sich aber auch die Frage stellen, was ist, wenn gar nicht so viele Ersparnisse da sind wie gedacht? Oder was, wenn ein Testament existiert, das dafür sorgt, das man nur den Pflichtteil erhält? Was, wenn das dicke Gehalt des Hauptverdienenden plötzlich wegfällt, die hohen Lebenshaltungskosten aber bleiben? Solche Situationen kommen leider öfter vor, als man denken mag – und sie treffen insbesondere Frauen oft unerwartet und mit voller Wucht. Darum finden wir es wichtig, sich niemals ausschließlich auf das Geld oder auch die Arbeitskraft eines Partners oder einer Partnerin zu verlassen, sondern die eigene finanzielle Situation zu kennen, sich um die eigenen Finanzen zu kümmern, sich für Eventualitäten abzusichern und Unabhängigkeit anzustreben. Für uns ist hier insbesondere das offene Gespräch mit dem Partner oder der Partnerin über Geld entscheidend. Nur mit Offenheit, Transparenz und Ehrlichkeit, was die Erwartungen oder auch die Ängste beim Thema Geld angeht, wird man, unserer Erfahrung nach, eine Beziehung auf Augenhöhe führen können. Auch sollten, insbesondere dann, wenn Kinder geplant oder schon da sind und ein Elternteil sich hauptsächlich um sie kümmert, deswegen gar nicht mehr oder weniger arbeitet, weniger verdient und weniger Rentenpunkte ansammelt, Vereinbarungen zu einer möglichen Ausgleichszahlung getroffen werden.

PRETTY WOMAN UND ANDERE MÄRCHEN

Für die Menschen, die tatsächlich gezielt heiraten, um ihren Status zu verbessern – gegebenenfalls auch in der Hoffnung, irgendwann in dieser Beziehung Liebe und Anerkennung zu finden: Auch das ist grundsätzlich okay. Die Gründe für ein solches Ansinnen können individuell so vielfältig sein, dass wir sie nicht über einen Kamm scheren wollen. Aber macht euch dennoch die potenziellen Abhängigkeiten bewusst. Zudem ist es dem Partner oder der Partnerin gegenüber womöglich nicht fair, ihn oder sie nur ihres Geldes wegen zu heiraten. Und – das darf man auch nicht völlig außer Acht lassen – kann Geld auch zu Problemen führen.

In einer Beziehung, in der von Beginn an ein deutliches Ungleichgewicht – etwa beim Geld, um mal beim Thema zu bleiben – besteht, können Spannungen ungleich größer sein. Denn wie wirkt es sich in einer Partnerschaft aus, wenn ein Part signifikant erfolgreicher oder wohlhabender ist als der oder die andere? Dies kann (muss nicht!) zu einer ungesunden Dynamik führen, in der der wohlhabendere Part dominiert und der andere sich herabgesetzt fühlt. Neid, ein sinkendes Selbstwertgefühl und Unzufriedenheit sind mögliche Folgen und können die Beziehung erheblich belasten.

Selbstverständlich können Ungleichgewichte auch in Form von Bildungsunterschieden, Karriereerfolgen oder sozialem Status auftreten. Und selbstverständlich sind Beziehungen nicht per se zum Scheitern verurteilt, nur weil es Ungleichgewichte gibt. Im Gegenteil können sie eine Beziehung ebenso beflügeln und interessant machen. Es gibt sicherlich millionenfach Paare mit völlig verschiedenem sozialen und finanziellen Background, die glücklich und zufrieden miteinander alt werden. Alles, was wir sagen, ist, dass man dem Märchen von Aschenputtel oder dem Hollywood-Klassiker *Pretty Woman* mit ein wenig Skepsis begegnen sollte, auch wenn es natürlich Fälle gibt, in denen das Märchen wahr wird. Aber warum gab es in diesem Film ein Happy End? Nicht, weil *sie* hinter seinem Geld her war und *er* ihr den finanzstarken Versorger gemacht hat, sondern weil sie sich ineinander verliebt hatten. Ebenso war es in *Titanic*. Nebenbei bemerkt ein schönes Beispiel für einen Fall, wo *sie* wohlhabend und *er* arm war. Es ist also – wie im wahren Leben – nicht das Geld, was zu einer glücklichen Beziehung führt, sondern Liebe und Respekt füreinander, und die Fähigkeit, auch im Alltagschaos einen kühlen Kopf zu bewahren und klar und konstruktiv kommunizieren zu können.

Und so ganz konnten dann auch die TV-Formate von SAT.1 und RTL die Realität nicht ausblenden. Bei RTL kam heraus, dass sich Millionär und Auserwählte bereits im Vorhinein kannten – und sich zumindest sehr gut leiden konnten. Weder der Millionär noch die Prinzessin wollten letztlich das Risiko eingehen, jemand völlig Unbekanntes zu heiraten. Bei SAT.1 wurde gar nicht erst Hochzeit gefeiert. Unter anderem, weil es Spekulationen gab, dass der Kandidat – Achtung! – gar kein Millionär war. Und weil beide – er und seine Auserwählte – während eines Kennenlerntrips in Dubai einvernehmlich feststellten, dass sie sich nicht besonders gut verstanden und es besser wäre, den Bund der Ehe nicht einzugehen. Ja, Geld ist wichtig, aber eben auch nicht alles.

„MAN MUSS REICH SEIN, UM ZU INVESTIEREN"

Bei einem Event, bei dem wir unser Frauenfinanzmagazin *finanzielle* vorstellten, meldete sich eine Frau zu Wort. „Ich verstehe nicht, was das soll", sagte sie sichtlich aufgebracht. „Ihr empfehlt hier den Frauen, an der Börse zu investieren, aber habt ihr euch mal überlegt, wovon man sich das leisten soll? Wie soll man denn bitte investieren, wenn man nicht schon einen riesigen Haufen Kohle angehäuft hat?" Tatsächlich erleben wir solche und ähnliche Situationen des Öfteren. Waren wir anfangs noch sehr verdutzt über diese Fragen und Einwände, verstehen wir sie heute als ein Missverständnis, das leider bei vielen Menschen – nicht nur Frauen – vorherrscht. Sie glauben fest daran, dass man bereits reich sein müsse, um Aktien, ETFs und Co. überhaupt kaufen zu können. Viele verbinden mit den Begriffen „Investieren" und „Börse" nicht Menschen wie dich und uns, sondern eher die Kardashians und Beckhams dieser Welt. Für uns hat Vermögensaufbau jedoch gar nicht zwingend ausschließlich etwas mit Geld im klassischen Sinne zu tun. Vermögensaufbau ist so viel mehr – aber dazu später mehr.

BEGÜTERT ODER BEDÜRFTIG?

Rollen wir das Ganze von vorne auf, denn zuerst müssen wir grundsätzlich ein paar Dinge klären: Was genau bedeutet eigentlich „reich sein"? Schon da gibt es – surprise! – sehr unterschiedliche Auffassungen, da Reichtum höchst subjektiv betrachtet wird. Eine Person mit einer Million Euro auf dem Konto und schicker Villa am See würden die meisten von uns vermutlich als reich ansehen. Die Person selbst, die sich vielleicht mit Menschen umgibt, die alle ebenfalls viel Geld haben, empfindet ihr Vermögen womöglich als eher durchschnittlich – zumindest verglichen mit ihrem direkten Umfeld. Vielleicht denkt sie sogar, sie ist arm dran, weil Freunde, Bekannte und andere Familienmitglieder noch viel mehr Geld und Güter ihr Eigen nennen und sie das Gefühl hat, kaum mithalten zu können.

Das Phänomen, sich mit Menschen zu umgeben, die uns in sozialer und aus psychologischer Sicht ähnlich sind – etwa Freund:innen oder Kolleg:innen –, wird als Homophilie bezeichnet. Wie wir in Bezug auf verschiedene Parameter gegenüber dieser Referenzgruppe abschneiden, wenn wir uns mit ihr vergleichen, prägt unsere eigene Zufriedenheit – und definiert für uns selbst eben auch, wie wir uns finanziell einordnen, ob wir uns als reich betrachten oder nicht. Vielleicht hast du es selbst schon erlebt, dass dich jemand als wohlhabend oder auch als finanziell schlechter gestellt bezeichnet hat, obwohl du – aus deiner Sicht – weder das eine noch das andere bist. Vielleicht hast du auch die Debatte um das Elterngeld verfolgt, das für Topverdienende gestrichen werden sollte. Neben der grundsätzlichen Debatte, wie wenig familienfreundlich so ein Schritt ist, wurde eine fast noch hitzigere Diskussion darüber entfacht, ob ein zu versteuerndes Einkommen von 150 000 Euro für ein Paar nun viel oder wenig ist.

Die Frage ist auch: Woran bemisst sich Reichtum überhaupt? Ist jemand reich, der 10 000 Euro netto pro Monat verdient, das ganze Geld aber ausgibt und am Ende des Monats bei null ist? Wie sieht es mit einer Person aus, die nicht arbeitet, aber ein Aktienportfolio im Wert von einer Million Euro hat, das im Jahr 30 000 Euro an Kapitalerträgen abwirft, von denen die Person lebt – ohne einen Finger zu rühren? Mit der Besitzerin einer Firma, die auf dem Papier 20 Millionen Euro wert ist, die aber keinen Cent an Gewinn abwirft, obwohl sich die Besitzerin totschuftet? Oder was ist mit einer, sagen wir, 50-jährigen Durchschnittsverdienerin, die konsequent spart und investiert und sich ein Aktienportfolio von 50 000 Euro aufgebaut hat? Wer von diesen Menschen ist materiell reich? Darüber lässt sich vortrefflich streiten.

Bestimmt kennst du die Tabellen, die regelmäßig veröffentlicht werden, wonach Menschen, die ein bestimmtes Gehalt pro Monat haben, zu den Top X Prozent der Deutschen gehören. Das Institut der deutschen Wirtschaft (IW) in Köln erhebt im Rahmen einer Langzeitstudie regelmäßig solche Einkommensdaten. Die aktuellste Auswertung stammt aus dem Jahr 2021 und enthält

Zahlen von 2018, die natürlich ein wenig veraltet sind. Die Gehälter dürften heute etwas höher liegen. Dennoch zeigen sie, dass man, um offiziell als reich zu gelten, nicht Multimillionärin sein muss.

Demnach gehört ein Single ab einem monatlichen Nettoeinkommen von rund 3 700 Euro zum am besten verdienenden Zehntel der Bevölkerung – und gilt damit laut Definition des IW Köln als „reich". Solltest du monatlich sogar 4 560 Euro netto verdienen, darfst du dich zu den Top fünf Prozent der deutschen Bevölkerung zählen. Ab 7 190 Euro gehörst du gar zum reichsten ein Prozent der Gesellschaft. [31]

Doch Reichtum hat mehrere Ebenen. Einkommen ist das eine, Vermögen das andere. Auch hier erhob zuletzt 2018 das IW Köln Zahlen. So gilt man als vermögensreich bei einem Vermögen von mehr als 477 200 Euro. Dazu kann auch Immobilieneigentum oder Wertpapierbesitz gehören. Auch diese Werte dürften mittlerweile allerdings höher liegen. In der Wissenschaft ist man in aktuellen Studien darum pragmatischer: Reichtum wird nicht anhand des Einkommens, sondern anhand des Vermögens definiert und die Grenze bei einer Million Euro angesetzt. Auch der World Wealth Report der Beratungsgesellschaft Capgemini nimmt die Million als Maßstab – allerdings die Million Dollar, was im Januar 2024 rund 920.000 Euro waren. Laut World Wealth Report 2023 leben rund 1,6 Millionen sogenannte Dollar-Millionäre in Deutschland. Die Messung berücksichtigt klassische Wertpapiere wie Aktien und Anleihen, alternative Investments wie privates Beteiligungskapital, Bargeld sowie vermietete Immobilien.

SELF-MADE KLAPPT AM BESTEN

Doch woher kommt dieses Vermögen? Tatsächlich gibt es wissenschaftliche Erkenntnisse, um diese Frage zu beantworten. Auch wenn die Zahlen ebenfalls leider etwas älter sind, dürften sie den aktuellen Istzustand noch immer relativ realistisch abbilden: Ein Forschungsprojekt der Universität Potsdam und des Deutschen Instituts für Wirtschaftsforschung (DIW) hat 2016 herausgefunden, dass 40 Prozent der Reichen in Deutschland ihren Wohlstand ihrem Unternehmergeist verdanken. 35 Prozent haben geerbt, und nur zehn Prozent sind durch abhängige Beschäftigung, also als Angestellte, reich geworden.

Wir sind im Kopf einmal die Leute durchgegangen, die wir kennen und die mutmaßlich laut dieser Definition „reich" sind. Wir kamen auf sehr viele Selfmade-Unternehmer:innen, was natürlich der Tatsache geschuldet ist, dass wir uns als Gründerinnen mit vielen anderen Unternehmer:innen umgeben und austauschen. Einige Bekannte und Freundinnen haben zudem erfolgreich in Immobilien investiert und damit Vermögen aufgebaut, einige wenige auch Vermögen geerbt (Immobilien sowie Barvermögen). Ein Kumpel von Astrid – zum Zeitpunkt des Investments war er noch Student – ist mit Bitcoins reich geworden. Und eine Handvoll Leute hat durch geschickte Wertpapierinvestments Reichtum aufgebaut.

Mit einigen dieser Menschen haben wir über ihr Geld gesprochen, weil uns interessiert hat, warum sie investiert haben und aus welchen Verhältnissen sie stammen. Tatsächlich waren alle in „normalen" Verhältnissen, meistens der Mittelschicht, aufgewachsen. Niemand hatte große Summen geerbt. Gemeinsam war aber allen ein gewisser Ehrgeiz und Drive, sich auf der

Karriereleiter – mit und ohne Studium, als Selbstständige oder Angestellte – hochzuarbeiten. Manche von ihnen hatten in Immobilien investiert und generierten dadurch Mieteinnahmen. Alle waren auf ganz unterschiedlichem Wege, aber oft schon in jungen Jahren zur Börse gekommen, hatten zumeist in ETFs, Einzelaktien, manche auch in Anleihen oder risikoreiche Kryptowährungen investiert und sich so ihr Vermögen aufgebaut.

Für uns recht überraschend war, dass fast alle diese Menschen nicht reich geboren worden waren, sondern aus eigener Kraft und einer Portion Mut reich geworden sind. Irgendwann hatten sie sich getraut, den ersten Schritt zu machen, ohne sich von Glaubenssätzen – seien es ihre eigenen oder die anderer – abhalten zu lassen.

Dennoch ist es gar nicht so überraschend, dass sich der Glaubenssatz „Man muss reich sein, um zu investieren" so hartnäckig hält. In Filmen, TV-Sendungen und anderen Medien werden oft Geschichten über erfolgreiche Investor:innen erzählt, die mit gigantischen Summen jonglieren und dann noch beträchtlichere Gewinne erzielen. Die Krankenschwester, die Erzieherin, die Büroangestellte oder auch die Schülerin oder Studentin, die sich in der Mittagspause oder abends auf einer Party mit ihrer Kollegin oder Freundin über Aktien unterhält, wird eher selten bis nie gezeigt. Wenn eine Person, die sich (angeblich) für Finanzen und die Börse interessiert, auf der Bildfläche auftaucht, ist es in den allermeisten Fällen ein glatt gebügelter Anzug-Dude mit Schlips, Kragen und Smartphone am Ohr. Klar, er muss ja telefonisch noch mal die letzten Orders mit dem Vermögensberater abchecken, bevor er im 6er-BMW in den Sonnenuntergang düst.

Dies erweckt schnell den Eindruck, dass das Investieren nur etwas für wohlhabende Menschen und natürlich Männer ist. Wer wenig oder keine Erfahrung damit hat, glaubt, dass Investieren wahnsinnig komplex ist und nur finanzstarke Personen geeignet sind, die Börse für sich zu nutzen.

AUS „DU MUSST REICH SEIN, UM ZU INVESTIEREN" WIRD „UM REICH ZU WERDEN, MUSST DU INVESTIEREN."

WELCOME, MRS. KLEINANLEGERIN!

Das Fehlen von Wissen übers Investieren und auch die Vielfalt der Investitionsmöglichkeiten, die schon verwirrend sein können, könnte zu diesem Vorurteil beitragen. Wir haben es schon in Kapitel 5 thematisiert, dass es unserer Ansicht nach unbedingt ein Schulfach Finanzen geben sollte, in dem auch die Grundzüge des Investierens sowie Wertpapierarten, die Börse und die Funktionsweisen der Finanzmärkte unterrichtet werden sollten. Und natürlich sollte auch der Zinseszinseffekt eine Rolle spielen, der letztlich dafür sorgt, dass man den Bullshitsatz „Man muss reich sein, um zu investieren" einfach umdrehen kann. Nämlich in: „Um reich zu werden, muss man investieren".

Denn das Investieren ist tatsächlich die am besten planbare Art, ein Vermögen aufzubauen. Ein Unternehmen aus dem Boden zu stampfen, das üppige Gewinne abwirft, von einer reichen Tante im Testament großzügig bedacht zu werden, oder einen so gut bezahlten Job zu ergattern, der einen ruckzuck zur Millionärin macht, ist unwahrscheinlicher, als über kontinuierliches Sparen und Investieren sukzessive ein Vermögen aufzubauen.

Mittlerweile signalisiert übrigens auch die Finanzindustrie klar und deutlich, dass die sogenannten Kleinanleger:innen sehr willkommen am Finanzmarkt sind. Bei den gerade aufstrebenden Neo-Brokern – die das Investieren über Handy-App salonfähig machen – lassen sich beispielsweise in Minutenschnelle Wertpapier-Depots eröffnen und Sparpläne ab einem Euro anlegen. Das heißt im Klartext: Du kannst schon ab einem Euro pro Monat an der Börse investieren. Das ist zugegebenermaßen nicht so wahnsinnig effektiv. Dennoch ist es ein Angebot der entsprechenden Finanzdienstleister, um sich an der Börse auszuprobieren und auch mit kleinen Summen starten zu können. Die Idee dahinter ist sicherlich nicht, superreiche Kund:innen zu akquirieren, sondern eben „ganz normale Menschen", die einen Teil ihrer Einkünfte für den Vermögensaufbau nutzen wollen.

Mehr als zwölf Millionen Menschen sind in Deutschland übrigens mittlerweile Aktionär:innen – entweder direkt, weil sie Aktien von Unternehmen kaufen, oder indirekt über Finanzprodukte wie Fonds oder ETFs, die wiederum in Aktien von Unternehmen investieren. Schon allein, dass die Zahl der Aktionär:innen die der Dollar-Millionäre (wir erinnern uns: 1,6 Millionen Deutsche) um ein Vielfaches übertrifft, zeigt ja, dass es nicht nur Reiche sein können, die investieren. Was du brauchst, um an die Börse zu gehen, ist darum nicht ein schon dickes Konto, sondern ein gutes Money Mindset.

 UNSERE TIPPS FÜR DICH

Formuliere deine eigenen, ganz persönlichen Ziele, die du erreichen möchtest, und richte dich dabei nicht nach den Träumen anderer. Nur weil Astrid sich unbedingt ein Wassergrundstück kaufen will, muss Daniela das ja nicht machen. Und nur, weil Daniela ihr Geld am liebsten für Reisen nach Afrika ausgibt, muss Astrid das noch lange nicht tun.

Besonders gut gelingt die Zielsetzung über die sogenannte SMART-Methode. Danach sollten deine Ziele spezifisch, messbar, attraktiv, realistisch und terminiert sein. Das heißt nicht, dass du ein genaues Datum festlegen musst, zu dem du dein Ziel erreicht haben musst, aber es hilft, sich beispielsweise vorzunehmen, etwas in diesem Jahr oder in fünf Jahren zu schaffen. Danielas Ziel ist es beispielsweise, zum Rentenstart ein Haus in Südafrika zu besitzen. Es muss nicht groß sein, aber einen schönen Ausblick haben. Es ist ein spezifisches und für sie sehr attraktives Ziel. Es ist zudem messbar und realistisch, da sie sich bereits seit einiger Zeit mit dem Immobilienmarkt in Südafrika beschäftigt, regelmäßig Angebote checkt, Preise vergleicht, dort auch schon Häuser besichtigt hat und bereits Geld zur Seite legt, um in etwa 15 Jahren (terminiert) genug zu haben, um ihr Haus zu kaufen. Natürlich gibt es Unsicherheiten. Die Häuserpreise können stark steigen, Südafrika kann als Standort aus politischen Gründen unattraktiv werden, es kann Lebensumstände geben, die dafür sorgen, dass man Ziele neu ausgestalten muss. Aber wir finden es dennoch wichtig, sich sowohl private wie berufliche Ziele zu setzen. Vielleicht ist es dein Ziel, in einem Jahr eine Auszeit vom Job zu nehmen, vielleicht möchtest du einen Karriereschritt wagen, dich selbstständig machen, dir eine Immobilie oder auch eine teure Designerhandtasche kaufen. Jedes Ziel hat seine Berechtigung und ist legitim – solange du es nicht über einen Konsumkredit, sondern über eine gute Step-by-Step-Planung erreichst, egal, wie lang der Weg und wie klein die Schritte am Anfang vielleicht sein mögen.

Mach dir zudem auch bewusst, was du an Reichtum bereits besitzt – und hier kommen wir noch mal zurück auf die eingangs angedeutete Begriffserweiterung von Reichtum.

Vieles wird uns sprichwörtlich schon in die Wiege gelegt – auch wenn wir es in unserem Alltag gar nicht wahrnehmen oder zu schätzen wissen. Allein das unfassbare Glück gehabt zu haben, in einem Land geboren zu sein, in dem es Rechtsstaatlichkeit, Frieden, Freiheit, ein modernes und für jeden Menschen zugängliches Gesundheits- und Sozialsystem sowie ein, nun ja, brauchbares und vor allem weitestgehend kostenloses Bildungssystem gibt. Hier aufwachsen, die Schule besuchen, studieren, in die Lehre gehen, leben und arbeiten, sich entwickeln, wachsen und weiterbilden zu dürfen, ist ein extrem wertvolles Asset und ein großes Privileg im Vergleich zu den Umständen, die viele andere Menschen weltweit vorfinden.

Selbst wenn man der Meinung ist, dass hierzulande viel falsch läuft, sollte man doch anerkennen können, dass die Startvoraussetzungen sowie Lebensbedingungen an vielen anderen Orten der Erde um ein Vielfaches schlechter sind. Ein weiteres Asset, das hoffentlich vielen von uns mitgegeben wurde, ist das Glück, in eine Familie hineingeboren worden zu sein, in der Liebe, Bildung, neue Ideen und persönliches Vorankommen gelebt und gefördert werden. Und selbst wenn dies nicht der Fall war, gibt es ein großes Angebot an Unterstützung sowie tolle Netzwerke, die man für sich nutzen kann.

Eventuell profitierst du zudem tatsächlich in deinem Leben früher oder später auch von einem Erbe – auch wenn es vielleicht nicht Millionen sind, kann es dich einem Ziel näherbringen. Es gibt Banken, die dir Kredite für den Immobilienkauf geben können, ohne dass du dafür einen Umschlag mit frisch gedruckten Dollarnoten mitbringen musst, Investor:innen, die du von deiner Gründungsidee überzeugen kannst, Möglichkeiten, wieder auf die Beine zu kommen, falls deine Unternehmung nicht von Erfolg gekrönt war. Last but not least, mach dir deine Talente, dein Können, deinen Charakter, deine Besonderheiten, deine Entscheidungsfreiheit bewusst. Es gibt unzählige Möglichkeiten im Leben, sich immer wieder neu zu erfinden, neu zu beginnen, wieder aufzustehen, ins eigene Humankapital zu investieren und Erfolg zu haben – im privaten wie im beruflichen Kontext. Auch all das ist Teil deines Vermögens.

UNSER LIFE-HACK

Mach dir also bewusst, schreibe es dir vielleicht am besten auf einer Liste auf, was dir an „Vermögenswerten" bisher schon geschenkt wurde, was du daraus bereits gemacht hast und vor allem noch machen wirst. Fokussiere dich auch hier nicht allein auf den Gedanken, dass du am Ende monetär möglichst viel erreicht haben musst, sondern sieh auch, welchen enormen Wert du für andere bietest – dadurch, dass du einen wichtigen

Job für die Gesellschaft machst, dass du Care-Arbeit leistest, einen Angehörigen pflegst, für Freund:innen und Mitmenschen da bist, einen Teil deiner Zeit und deines Geldes für etwas spendest, das dir am Herzen liegt.

DU BIST LÄNGST REICH, ALSO KANNST DU AUCH INVESTIEREN – UND ZWAR AUF SO VIEL MEHR EBENEN, ALS DIR VIELLEICHT BISHER BEWUSST WAR!

AUSBLICK ODER: MUT LOHNT SICH – IMMER!

Weißt du noch, was wir dich zu Beginn dieses Buches gefragt haben? Hast du noch den Zettel oder die Handynotiz mit deinen Antworten? Dann hol sie jetzt heraus, aber schau noch nicht drauf. Gehe zuerst zurück zu Seite 17 und beantworte die Fragen dort noch einmal – wieder ganz spontan aus deinem aktuellen Gefühl heraus.

Vielleicht wirst du überrascht sein, wie diese rund 200 Seiten Lektüre dein Mindset bereits aufgerüttelt und zum Positiven verändert haben. Gerne kannst du uns von deinen Erfahrungen berichten oder auch ein Foto von deinen beiden Antwort-Zetteln „Vor dem Buch" und „Nach dem Buch" schicken. Wir freuen uns in jedem Fall auf Post von dir unter hallo@freshandfurious.de.

Und wir hoffen natürlich sehr, dass wir dich mit *Geld interessiert mich einfach nicht* ermutigen konnten, deine negativen Glaubenssätze endlich über Bord zu werfen und sie durch neue, positive Denkmuster zu ersetzen. Wir würden uns sehr freuen, wenn du ab jetzt deine Finanzen, deine Karriere sowie deine persönlichen Ziele und Träume selbst in die Hand nimmst und auf allen Ebenen dein volles Potenzial entfalten kannst.

Dies wünschen wir uns übrigens ganz grundsätzlich für alle Menschen. Dass wir in unserem Buch dennoch oft aus einer weiblichen Perspektive heraus argumentieren, liegt zum einen daran, dass wir selbst Frauen sind. Zum anderen haben wir durch unsere Arbeit sowie auch privat unzählige Erfahrungen gesammelt, die uns zu dem Schluss kommen lassen, dass Frauen in vielen Fällen stärker von Glaubenssätzen betroffen sind, sie ihnen wirtschaftlich und finanziell stärker schaden. Dennoch möchten wir auch unsere zahlreichen Gespräche mit Männern zu diesem Thema nicht unerwähnt lassen. Denn auch bei ihnen richten Bullshitsätze oft Schlimmes an, limitieren sie und hindern sie daran, so zu sein und zu handeln, wie sie es eigentlich gerne würden. „Der Mann muss das Geld nach Hause bringen", „Männer weinen nicht" oder „Männer wollen nur das eine" sind nur einige wenige negative Glaubenssätze, mit denen Männer sich auch heute noch in gesellschaftlichen wie beruflichen Kontexten konfrontiert sehen. Im Laufe unserer Recherchen haben uns viele Männer berichtet, dass auch sie sich durch verinnerlichte Glaubenssätze unter großem Druck sehen und oft das Gefühl haben, einer Rolle gerecht werden zu müssen, die schon vor Jahrzehnten falsch, damals aber leichter zu erfüllen war. Ein Leben im Eigenheim mit Kind und Kegel – das konnte MANN mal mit nur einem Gehalt finanzieren. Mittlerweile haben es da selbst Topverdienende schwer. Aber die Ansprüche bleiben, die Erwartungen seitens der Gesellschaft, des Arbeitgebers und nicht selten auch der Partnerin sind da – und Mann meint, liefern zu müssen. Ganz zu schweigen davon, dass wir viele Männer kennen, die am liebsten weniger arbeiten, Teilzeit machen würden, die gerne länger Elternzeit genommen hätten, als Nachwuchs kam, aber sich nicht trauten – aus den bekannten Bullshit-Gründen.

Dabei gibt es Studien, die nahelegen, dass sowohl das Wohlbefinden als auch die Gesundheit von männlichen Alleinversorgern leidet. Insofern profitieren auch Männer davon, wenn wir uns alle von Glaubenssätzen und Rollenbildern befreien. Darum geht an dieser Stelle ein riesengroßer Shoutout an alle Menschen, die sich mit (ihren) Rollenmustern und Bullshitsätzen beschäftigen, die sich trauen, eigene, festgefahrene Denkmuster und die anderer zu hinterfragen, zu kritisieren, zu überwinden und neu zu denken.

Eingangs haben wir dir von Beate Sander und Diana zur Löwen erzählt, die uns – trotz großem Altersunterschied – gleichermaßen mit ihrem Mindset beeindruckt haben – auch, weil es ihnen gelungen ist und weiterhin gelingt, unzählige Menschen zu ermutigen, es ihnen gleichzutun. Beate Sander hat im Alter von über 80 Jahren noch Investment-Kurse an einer Ulmer Volkshochschule gegeben und auch Einzelcoachings angeboten. Nicht, weil sie das Geld unbedingt brauchte, sondern weil sie Lust auf den Austausch und auf das Teilen ihres Wissens hatte. „Das hält auch mich jung im Kopf", sagte sie uns, als wir einmal an einem ihrer Workshops teilnahmen. Mit Gleichaltrigen konnte sie oft nur wenig anfangen. Bei einem runden Geburtstag ihres Sohnes bat sie, an einen Tisch mit möglichst jungen Gästen gesetzt zu werden, weil sie die Gespräche über die Wehwehchen ihrer Altersgenoss:innen sterbenslangweilig fand.

Diana zur Löwen klärt auf ihrem Instagram-Kanal, auf dem ihr mehr als 1,2 Millionen Menschen folgen, regelmäßig zu finanzieller Vorsorge auf. Sie hat sich, genau wie Beate Sander, ihr Finanzwissen zu großen Teilen selbst beigebracht – oft durch Learning by Doing. Heute investiert sie in Aktien, Immobilien und Start-ups und ist selbst als Unternehmerin tätig. Auch sie beeindruckt uns immer wieder durch ihre offene, unvoreingenommene Art. Eine ihrer wertvollsten Eigenschaften, das sagte sie uns selbst, ist ihr Mut, ihre Komfortzone zu verlassen: „Das verhilft mir regelmäßig zu einem guten Realitätscheck." So schafft Diana es nicht nur, negative Glaubenssätze loszuwerden, sondern diese auch in neue, positive Denkweisen zu verwandeln.

Klar, es ist nicht leicht und kann sogar manchmal sehr schmerzhaft sein, sich von einem gewohnten und vermeintlich sicheren Gefüge zu verabschieden. Aber – das haben wir in den vergangenen Jahren selbst erfahren: Mut lohnt sich! Und zwar immer.

Wir sind uns sicher, dass du diese Erkenntnis mit uns teilen wirst, wenn du erst einmal losgegangen bist. Wir können und wollen dich mit unserem Buch, unserem Finanzmagazin *finanzielle* und unseren weiteren Angeboten ermutigen, dir zeigen, dass du nicht allein bist, dir Tipps und Tool mit an die Hand geben, um Glaubenssätze zu überwinden, deine Finanzen in den Griff zu bekommen, zu sparen, zu investieren, Karriereschritte zu wagen, dich auf allen Ebenen weiterzuentwickeln, deine Ziele zu verfolgen und deine Träume zu leben. Das werden wir auch weiterhin mit großer Leidenschaft tun. Losgehen, dich neu erfinden, dein Zukunfts-Ich erschaffen, das kannst allerdings nur du selbst. Aber sei dir gewiss: Du kannst es!

Der Liedermacher Max Prosa, den man auch ansonsten wegen seiner tollen Texte ruhig verehren darf, hat das ganz wunderbar im Lied „Dein Haus" besungen:

> „Wenn dein Haus nicht mehr steht,
> dann wirst du wach,
> dein Kopf blüht auf
> und braucht kein Dach.
> Und du ziehst in die Welt,
> dann siehst du ein,
> du warst der Klotz
> an deinem Bein."

DANKSAGUNG

Wir bedanken uns bei Edition Michael Fischer/EMF Verlag für das uns entgegengebrachte Vertrauen. Ein ganz besonderer Dank gilt hier Annely Tiedemann, die uns von Anfang an toll unterstütz und stets mit Rat und Tat zur Seite gestanden hat. Auch unserer wundervollen Lektorin Doreen Fröhlich möchten wir von Herzen danken. Wir sagen mal: Ihr Name ist Programm. Mit immer guter Laune hat sie unsere vielen Zeilen akribisch und kritisch gelesen und die Zusammenarbeit so zu einer inspirierenden Erfahrung gemacht.

Danken wollen wir zudem all den wundervollen Menschen, die uns auf unserem Weg begleitet und unterstützt haben. Dazu gehören selbstverständlich unsere großartigen Familien, die das Tastaturgeklapper unserer Laptops wochenlang – auch mitten in der Nacht, am Wochenende oder im Urlaub – ertragen haben und auf uns verzichten mussten, während wir in Recherchen und Schreiberei versunken waren. Aber auch unsere Leser:innen, unsere finanzielle Community und all die großartigen Menschen, die ihre oft sehr persönlichen und nicht selten schmerzlichen Geschichten mit uns geteilt haben, gehören dazu. Von ihnen durften wir viel lernen und hoffen, dass ihre Erfahrungen, die wir in diesem Buch aufgeschrieben haben, auch euch bereichern werden.

Die wichtigsten Erkenntnisse, so zumindest unsere Erfahrung, liegen fast immer auf den holprigsten Wegen. Und die herausforderndsten Ereignisse sind zumeist die lehrreichsten. Darum sind wir ebenfalls für die vielen kleinen Kiesel sowie die dicken Brocken, die auch uns immer mal wieder in den Weg gelegt wurden, sehr dankbar. Ist es doch der Wunsch nach Veränderung, nicht selten verbunden mit einem gewissen Leidensdruck, der uns wachsen lässt und dazu befähigt, uns selbst neu und noch besser zu erfinden. „Wenn du fliegen willst, musst du loslassen, was dich runterzieht", sagte schon die fantastische Schriftstellerin Toni Morrison. Ein Satz, der ganz zum Schluss unser Lebensmotto und die Motivation hinter diesem Buch nicht besser zusammenfassen könnte.

ENDNOTEN

1 https://www.klarna.com/international/regulatory-news/
klarna-studie-zeigt-64-der-deutschen-sprechen-mindestens-
einmal-im-monat-uber-geld/

2 https://www.verivox.de/kredit/nachrichten/umfrage-die-
haelfte-aller-paare-spricht-nicht-offen-ueber-geld-1120384/

3 https://openjur.de/u/342732.html

4 https://www.bbc.com/worklife/article/20200724-why-imposter-
syndrome-hits-women-and-women-of-colour-harder

5 „Proceedings of the National Academy of Sciences":
https://www.pnas.org/doi/full/10.1073/pnas.1118373109

6 Ebenda.

7 https://www.nytimes.com/2023/10/09/business/charles-f-
feeney-dead.html

8 https://www.hessenschau.de/politik/hessischer-taxmenow-
aktivist-dank-hoeherer-steuern-fuer-ueberreiche-haette-der-
staat-doppelt-so-viel-geld-fuer-schulen-v1,steuern-
reiche-100.html

9 https://www.idealo.de/unternehmen/pressemitteilungen/
idealo-sparreport-zwischen-inflationstrotz-und-spar-
zwang?cmpReload=true

10 https://www.bpb.de/kurz-knapp/zahlen-und-fakten/
soziale-situation-in-deutschland/61842/entwicklung-des-
rentenniveaus-grv/

11 https://www.coeo-group.com/fileadmin/user_upload/user_
upload/Studie-Schulden-in-Deutschland-2022.pdf

12 https://www.nature.com/articles/s41539-019-0057-x#Sec1

13 https://www.ams.org/notices/201201/rtx120100010p.pdf:
„Debunking Myths about Gender and Mathematics
Performance" von Jonathan M. Kane und Janet E. Mertz

14 https://www.oecd.org/berlin/themen/pisa-studie/PISA2018_
CN_DEU_German.pdf

15 https://www.oecd.org/pisa/pisaproducts/pisainfocus/PIF-
49%20%28ger%29.pdf

16 https://srcd.onlinelibrary.wiley.com/doi/abs/10.1111/
cdev.12036

17 https://www.allbright-stiftung.de/allbright-berichte

18 https://www.weforum.org/publications/global-gender-gap-
report-2023/

19 https://cdn.book-family.de/stylebook/data/up-
loads/2023/10/bir2023_final.pdf

20 https://www.faz.net/aktuell/finanzen/finanzen-frauen-haben-
laut-studie-mehr-finanz-wissen-als-maenner-19062843.html

21 https://www.destatis.de/DE/Presse/Pressemitteilungen/
2019/12/PD19_473_122.html

22 https://www.destatis.de/DE/Presse/Pressemitteilungen/
2023/03/PD23_123_22922.html

23 https://leopard.tu-braunschweig.de/servlets/MCRFileNode-
Servlet/dbbs_derivate_00050478/VAPRO_Abschlussbericht_
Br%C3%A4uer.pdf

24 https://de.statista.com/infografik/24809/hoehe-des-gender-
care-gaps-in-deutschland/

25 https://de.statista.com/statistik/daten/studie/1098738/um-
frage/anteil-der-teilzeitbeschaeftigung-in-den-eu-laendern/

26 https://www.destatis.de/DE/Themen/Arbeit/Arbeitsmarkt/
Qualitaet-Arbeit/Dimension-3/eltern-teilzeitarbeit.html

27 https://www.wtwco.com/en-ie/insights/2022/11/2022-global-gender-wealth-equity-report#:~:text=The%20average%20global%20Wealth%20Equity,largest%20gaps%20in%20accumulated%20wealth

28 https://www.destatis.de/DE/Themen/Querschnitt/Demografischer-Wandel/Aeltere-Menschen/armutsgefaehrdung.html#:~:text=In%20Deutschland%20sind%20Frauen%20in,Alter%20wird%20der%20Unterschied%20gr%C3%B6%C3%9Fer

29 https://www.ls4.soziologie.uni-muenchen.de/aktuelle_forschung/abgeschlos_forschungsprojekte/partnerstudie/partnerstudie.pdf

30 Zentner, M. & Mitura, K. (2012): „Stepping Out of the Cave-man's Shadow: Nations' Gender Gap Predicts Degree of Sex Differentiation in Mate Preferences". *Psychological Science, 23*, S. 1176–1185.

31 https://www.iwkoeln.de/presse/pressemitteilungen/judith-niehues-maximilian-stockhausen-mit-3700-euro-gehoeren-singles-zu-den-einkommensreichsten-zehn-prozent.html#:~:text=Dezember%202021-,Mit%203.700%20Euro%20geh%C3%B6ren%20Singles%20zu%20den%20einkommensreichsten%20zehn%20Prozent,der%20deutschen%20Wirtschaft%20(IW)

Alle Webseiten wurden zuletzt am 2.2.2024 aufgerufen.

ÜBER UNSERE MISSION:

WIR MACHEN DICH FINANZ-FIT!

Wir sind Astrid und Daniela, Finanzjournalistinnen und Gründerinnen des Finanzmagazins finanzielle sowie des Verlags Fresh & Furious Media GmbH. Unser Ziel ist es, insbesondere Frauen (aber auch Männer) finanziell unabhängig zu machen. Darum ermutigen und befähigen wir Menschen in unserer Community, ihre Finanzen selbst in die Hand zu nehmen und auf allen Ebenen in sich selbst, ihre Karriere und ihren Vermögensaufbau zu investieren. Wir vermitteln komplexe Finanzthemen auf Augenhöhe und investieren auch selbst in Anlageklassen, die wir als solide Bausteine einer guten Altersvorsorge sehen, wie zum Beispiel ETFs, Aktien oder Immobilien.

Finanzielle Bildung ist unser Herzensprojekt. Darum informieren wir in unserem finanzielle Magazin, auf der zugehörigen Website www.finanzielle.de, in unseren Social Media Kanälen (Instagram: @finanziellemagazin) sowie unserem Newsletter unabhängig über alle Themen rund um Geld, Karriere, Gründen und Empowerment. Zudem organisieren wir regelmäßig Female Finance Events mit Live-Interviews und Paneltalks, halten digitale wie analoge Workshops für Unternehmen, öffentliche Institutionen und Privatperson und entwickeln für andere Verlagshäuser, Finanzdienstleister und weitere Unternehmen innovative Formate und Produkte für analoge wie digitale Medien. Dazu gehören auch Buch-Projekte, etwa der Spiegel-Beststeller „Unlock it!", den wir als Co-Autorinnen gemeinsam mit Dorothea Metasch geschrieben haben.

 @finanziellemagazin

 www.finanzielle.de

 hallo@freshandfurious.de

AKTIEN STATT SPARBUCH

Die perfekte Work-Life-Balance ist in aller Munde – das Thema
Finanzen und Vermögensbildung kommt dabei aber oft viel zu
kurz. Finanzexpertin Lisa Osada zeigt, wie du die Scheu vor der
Börse ablegst und mit dem Investieren startest.

Aktien-Life-Balance

**Entspannt investieren in Wertpapiere und
ETFs mit @Aktiengram
Ausgezeichnet mit dem Comdirect Finanzblog-Award**

978-3-7459-1742-0
€ 14,00 (DE) / € 14,40 (AT)